중국어 품사 문제

汉语词类问题

汉语词类问题 by 王冬梅

ISBN：9787548613350 ⓒ 学林出版社 2018

本书韩文版专有出版销售权由上海世纪出版股份有限公司学林出版社授予亦乐出版社，

仅限在大韩民国境内销售。

未经上海世纪出版股份有限公司学林出版社和亦乐出版社许可，

不得以任何手段和形式复制或抄袭本书内容。

중국어 품사문제 by 왕둥메이

ISBN：9787548613350 ⓒ학림출판사 2018

이 책의 한국어판 저작권은 상하이세기출판주식유한공사 학림출판사와 직접 계약으로

역락출판사가 소유합니다. 판매는 대한민국 내로 제한하며,

상하이세기출판주식유한공사 학림출판사와 역락출판사의 승인 없이 어떤 수단과 형태로든

이 책의 내용에 대한 무단 복제 및 표절을 금합니다.

중국어 언어학 쟁점 연구총서
沈家煊 주편

중국어 품사 문제
汉语词类问题

왕둥메이(王冬梅) 지음 · 이선희(李善熙) 옮김

역락

일러두기

<u>01</u> 저자가 붙인 '저자주' 외에 좀 더 상세한 설명이 필요한 부분에 대해서는 '역자주'를 추가하여 독자의 이해를 돕고자 하였다.

<u>02</u> 행문에서 ( ) 안의 간체자는 ( ) 앞의 한국어 어휘에 상당하는 중국어 어휘이다.

<u>03</u> 우리말 한자는 가급적 적게 사용하였으며, 필요한 경우는 작은 글씨체로 추가하였다.

<u>04</u> 인명이나 서명, 편명 등은 음역하지 않고 원어 그대로 두었다.

<u>05</u> 서명은 『 』, 논문명 「 」 기호를 사용하여 표시하였다.

이 총서를 출간하게 된 동기는 다음과 같은 생각에서 나왔다. 언어학 영역에서 우리는 오랫동안 외국(주로 서양)에서 들여온 이론과 방법을 끊임없이 학습하고 참고하면서 효과를 보기도 하였다. 특히, 일부 영역에서는 두드러진 효과가 있기도 하였다. 그러나 총체적으로 말하면, 외국의 이론을 중국어에 운용하는 것은 옷깃을 여미니 팔꿈치가 나오거나 둥근 구멍에 모난 기둥을 박는 것 같은 모순을 피할 수가 없으니, 아무래도 억지스럽고 자연스럽지가 않다. 이에 대해 启功(1912-2005)[2]선생은 다음 예를 든 적이 있다. 아이들의 고리던지기 게임에서 작은 고리는 작은 쥐만 잡을 수 있는데, 인도유럽어 '문법(grammar)'은 작은 고리여서 중국어라는 큰 판다를 잡을 수는 없다는 것이다. 이러한 느낌은 논쟁이 있는 몇몇 핫 이슈에서 더욱 두드러지게 나타난다. 그리고 한때 핫 이슈였던 것들, 예를 들면 품사문제, 단문·복문 문제 등도 한동안 논쟁의 열기는 식었지만, 문

---

1) 역자주 : 중국의 저명한 언어학자. 중국사회과학원 언어연구소 소장, 중국언어학회 회장 역임. 현재 중국사회과학원 연구원. 인지언어학, 영어와 중국어 문법 비교, 중국어 문법의 화용과 인지 연구 등에 걸쳐 다수의 논저가 있음. 주요 저서로는 『不对称与标记论』, 『名词和动词』 등이 있다.
2) 역자주 : 중국 저명한 서예가, 고문헌 학자. 베이징사범대학교 교수, 중국 서예가협회 명예주석 등을 역임. 주요 저서로는 『古代字体论稿』, 『汉语现象论丛』 등이 있다.

제점들이 결코 해결된 것은 아니어서 아직도 가끔씩 튀어나와 우리들을 곤혹스럽게 한다. 또 어떤 경우는 외국에서 새로운 이론이 나왔는데, 이를 중국어를 처리하는 데 사용하면서 또 다른 새로운 논쟁거리를 자아내기도 한다. 예를 들면, 문장성분의 위치이동 문제, 음보音步[3]와 운율의 문제 등이 그렇다. 이러한 문제들이 새로운 논쟁거리가 되는 까닭은 역시 새로이 가져와 적용한 이론이 매끄럽게 통하지 않고 조화가 되지 않는 부분이 많기 때문이다. 그 밖에 일부 문제들, 예를 들어 주어와 목적어 문제 같은 것은 일찍이 논쟁거리가 되었으나 뒷날 문제가 기본적으로 해결되어 공통된 인식을 얻기도 하였다. 하지만 주어와 화제처럼 새롭게 나타나 계속하여 논쟁이 끊이지 않는 문제가 된 것들도 있다. 주목할 만한 것은 주어, 목적어 문제가 기본적으로 해결되어 공통된 인식에 이른 것이 바로 인도유럽어의 주어, 목적어 관념에서 벗어난 결과라는 것이다.

외국의 이론은 끊임없이 새로워지고 있고, 또 새로운 이론이 나올 때마다 우리는 쫓아간다. 하지만 남들은 이미 새롭게 변화하여 원래의 이론 틀을 버린다고 밝혔는데도, 우리는 여전히 낑낑거리며 이전의 그 낡은 틀에 따라 사고하고 연구하면서, 어찌할 바를 몰라 하는 느낌을 가지는 경우도 있다. 이에 많은 사람들이 이러한 상태를 지속하는 것이 능사는 아니라고 느끼면서, 현재의 상황을 바꾸어야 한다고 생각하였다. 하지만 언어의 '보편성'을 중시하고, 또 이를 드러낸다는 이유를 들어 현재 상황을 유지하려고 하는 사람들도 적지 않다. 그렇지만 그들이 말하는 '보편성'이란 사실 남들이 제기한 이론을 기준으로 한 것으로, 오히려 중국어의 특수성은 홀시되거나 무시되었다.

보편성도 특수성 속에 들어있다. 언어의 특수성이 없는데 언어의 보편

---

3) 역자주 : 시가의 박자에 있어서 운율을 이루는 기본 단위이고. 박자는 어휘에 의해 결정된다. 중국 시(诗)의 한 구(句)는 어휘 수만큼의 박자로 구성되므로 음보도 박자의 수와 같다.

성이 어디서 오겠는가? 근래에 국제 언어학계에서는 인류 언어의 본질을
분명하게 알기 위해서는 먼저 언어의 다양성을 충분히 이해해야 한다는
인식이 점차 형성되고 있다. 나의 친구 朱曉農(1952-)[4]은 보편성을 뜻하는
영어의 universals는 중국어로 번역할 때, 발음과 의미를 함께 살려 '요우
니워스(有你我式)', 즉 너만 있고 나는 없는 것이 아니라, 너 속에 내가 있
고, 내 속에 네가 있다는 말로 번역해야 한다고 하였다. 나는 여기에 십분
동의한다. 내가 알기로 많은 외국의 학자들도 우리가 단지 그들을 따라가
기만을 바라지 않고, 그들을 일깨울 수 있는 중국어의 언어 사실에 근거
한 새로운 견해와 목소리를 듣고 싶어 한다.

100여 년 동안 서양 학문이 점차 동쪽으로 밀려들어왔고, 언어학 영역
에서도 서양을 배우고 이를 거울로 삼고자 하는 노력이 줄곧 끊이지 않
았다. 하지만 다른 한편에서는 인도유럽어의 전통 관념의 속박에서 벗어
나고자 하는 노력 또한 줄곧 멈추지 않았다. 우리의 선배들은 일찌감치
우리들을 위해 방향을 확실하게 제시하였고, 한발 더 나아가 인도유럽어
의 전통 관념의 속박을 벗어나려고 하였다. 바로 朱德熙(1920-1992)[5]선생께
서 생전에 말씀하신 것처럼, 대부분의 논쟁거리는 이러한 관념의 영향으
로 인해, 먼저 들어온 이론을 위주로 하였으므로 중국어 문법 본연의 모
습을 제대로 보지 못하게 되어 야기된 것들이다. 만약 우리가 이러한 교
란에서 벗어나 소박한 안목으로 중국어를 보았다면, 많은 문제들은 애당
초 발생할 리가 없었을 것이다. 또 朱선생은 훗날 사람들이 지금을 보는
것이 지금 사람들이 과거를 보는 것과 마찬가지라고 하셨는데, 오늘날에

---

4) 역자주 : 중국의 언어학자. 주로 실험언어학 연구에 종사. 현재 홍콩과학기술대학교 교수
   로 재직.
5) 역자주 : 중국의 저명한 언어학자, 문법학자. 呂叔湘선생 등과 함께 중국 언어학 연구에
   걸출한 업적을 남김. 칭화대학교, 베이징대학교 교수 역임. 주요 저서로는『语法修辞讲话』
   (呂叔湘과 공저),『定语和状语』,『现代汉语语法研究』,『语法讲义』,『语法答问』등이 있다.

도 부지불식간에 전통 관념의 지배를 받고 있는 것은 훗날 사람들이 바로잡기를 기다려야 할 것이다. 朱선생께서 우리에게 남기신 학술 유산 중에 중요한 관점 하나는, 동사가 주어나 목적어가 될 때 인도유럽어와 같은 '명사화'가 없다고 한 것이다. 이것은 외국 이론의 교란을 벗어난 실천으로, 우리에게 모범이 되었다.

呂叔湘(1904-1998)[6]선생과 朱德熙선생의 견해는 일치하는데, 두 분은 만년에 문법연구를 함에 있어 '크게 타파해야 한다(大破特破)'라고 호소하였다. 그들은 '단어', '동사', '형용사', '주어', '목적어' 등의 명칭은 잠시 제쳐두고, 이전에는 감히 한번 건드려 보지도 못했던 조목 하나하나에 과감하게 부딪히고자 하였다.

呂선생과 朱선생께서 말씀하신 것은 문법연구에 대한 것이지만, 우리에게 가리켜준 방향은 중국어 연구 전반에 적용된다. 중국어 문법은 '대문법(大语法)', 즉 언어를 구성하고 운용하는 방법으로, 음성과 의미, 용법을 모두 포함한다. 과거에 '소문법(小语法)'에 근거하여 중국어의 문법을 이해한 것 자체가 바로 인도유럽어 전통 관념의 영향을 받은 것이다.

이 총서를 기획하게 된 출발점은 바로 "교란에서 벗어나서 크게 타파해야 한다(摆脱干扰, 大破特破)"는 두 선생님의 호소에 대한 호응이다. 근래에 들어서 이 부분의 노력이 두드러지게 나타나 약간의 새로운 진전이 있었다. 이제 이에 대해 부분적으로 결론을 맺고, 사고의 맥락을 조리 있게 정리하면서 방향을 명확하게 한 후, 다시 계속해서 앞으로 나아갈 필요가 있다. 따라서 이 총서는 '타파와 수립 총서(破立丛书)'라 불러도 좋다. 매 책마다 하나의 구체적인 쟁점에 대해 먼저 선행연구를 정리, 평가, 분석하면서, 전통 관념을 타파하고 이의 교란에서 벗어나야 하는 필요성을

---

6) 역자주 : 중국의 저명한 언어학자. 윈난대학교 교수, 중국사회과학원 연구원, 중국사회과학원 언어연구소 소장 역임. 주요 저서로는 『中国文法要略』, 『汉语语法分析问题』 등이 있다.

피력한 후, 새로운 관점을 제시하고 논증을 진행하였다. 이렇게 구성한 데는 독자로 하여금 문제의 내력과 쟁점을 분명하게 이해하게 함으로써 사고를 유연하게 하여 고정관념을 줄이게 하려는 목적이 있다. 이러한 구상은 다행히 학림출판사學林出版社의 지지를 얻어 실현될 수 있었다. '타파를 최우선으로 삼고, 그 속에서 건립한다(破字当头, 立在其中)'라고 말은 하지만, 진정으로 건립하는 것은 결코 간단하고 쉬운 일이 아니어서, 어렵고 고달 픈 작업이 남아있다. 지금 책 속에서 열거된 새로운 관점과 생각들은 아 직 보완하고 개선해야 할 필요가 많이 있고, 심지어 수정하거나 교체해야 할 가능성도 있다.

이 총서를 기획한 또 하나의 출발점은 바로 집필 방법이다. 총서에서 서술하려는 내용들은 난해한 학술적 문제이지만, 이해하기 쉽게 통속적 으로 쓰고자 하였다. 그래서 이해하기 어려운 명칭과 전문용어는 가급적 배제하고 편폭도 약간 짧게 하여, 한 책자가 하나의 문제를 다루도록 하 였다. 이로써 일반 독자들이 심오하고 복잡하게 느끼지 않도록 함으로써, 핵심내용을 터득하지 못한 채 보기만 해도 두려움이 생기는 것을 피하였 다. 물론, 이러한 점들을 실행에 옮기는 것은 결코 쉬운 일이 아니어서 지 금의 모습 역시 개선의 여지가 많다.

우리는 이 총서가 전문적으로 언어연구에 종사하는 사람과 언어학 분 야의 전문가 혹은 갓 입문한 독자, 외국어와 모국어 교육을 포함한 언어 를 교육하는 많은 교사들에게 어느 정도 일깨움과 도움을 줄 수 있기를 바란다. 또 언어문제에 관심이 있는 일반인과 언어 프로그램, 정보처리, 언어심리, 언어철학, 사회언어학 등 분야의 독자들도 이 총서를 통해 지 식과 깨달음을 얻게 되기를 기원한다.

2017년 12월 12일

목차

머리말

/

王冬梅

품사문제는 문법연구의 핵심 문제이고, 동사와 명사는 품사연구 가운데 가장 중요한 부분이다. 따라서 이들 두 품사 및 그 관계에 대한 견해는 곧 명사의 경계 확정 문제, 겸류(兼类) 문제, 확장규칙 준수의 문제, 주술구조의 성격 등과 같은 문법연구의 많은 중요한 문제에 대한 연구자의 인식에 직접적인 영향을 미친다. 또 나아가 이러한 문제들은 모든 중국어 문법 체계에 대한 연구자의 연구 계획 수립에도 영향을 미친다.

중국어 문법학이 정식으로 하나의 독립된 학문분야가 된 것은 1898년 『马氏文通』1)의 간행으로부터 시작된다.2) 『马氏文通』 이전의 품사연구, 예를 들면 원대(元代)3) 卢以纬가 지은 『助语辞』4), 刘淇(?-?)5)가 지은 『助字辨

---

1) 역자주 : 청나라 말기 马建忠이 간행한 중국어 문법서. 라틴어 문법을 바탕으로 하여 중국어 문어체를 연구한 책으로, 중국인에 의해 지어진 최초의 중국어 문법저술이다.
2) 지자주 : 『马氏文通』이 출판되기 이전, 이미 서양의 학자가 중국어문법을 연구한 약간의 저작을 출판되었다. 예를 들면, 프랑스 Joseph de Prémare(1666－1736)의 『汉语札记』(1728), 영국 Joshua Marshman(1768－1837)의 『中国言法』(1814), 프랑스 줄리앙(Stanislas Aignan Julien(1797-1873)의 『汉文指南』 등이 있다. 독일의 저명한 한학자 Georg von der Gabelentz(1840-1893)가 쓴 『汉文经纬』(1881)의 고대 중국어문법 연구 수준은 상당히 높은 단계에 이른다. 그렇지만 여기에서는 그래도 중국인이 중국어 문법에 대해 쓴 『马氏文通』의 출판을 중국어문법학이 하나의 학문분야로 정식으로 독립한 표지로 삼는다.
3) 역자주 : 원서에는 '唐代'로 되어 있으나, 卢以纬는 元代의 인물로 확인되어 수정함.
4) 역자주 : 원서에는 제목이 『语助辞』로 되어 있으나, 『语助』(훗날 『助语辞』로 고침)로 확인

略』,6) 王引之(1766-1834)7)가 지은 『经传释词』8)와 같은 저작들은 주로 허사에 대한 해석과 설명이었다. 고대중국어 허사에 대한 이들의 인식은 상당한 깊이가 있었지만, 연구의 목적은 주로 훈고와 문학작품 감상의 필요에 따른 것이었다. '사(辞)', '어조(语助)', '실자(实字)', '허자(虚字)' 등의 술어가 출현하기는 하나, 이들 사이에 분명한 경계 확정이 되어 있지는 않았고, 품사연구도 아직 하나의 체계적이고 독립된 학문으로 발전되지 못했다.

『马氏文通』의 간행은 중국어문법학을 정식으로 하나의 독립된 학문분야로 만들었다. 또 "문법을 설명할 때 품사부터 언급해야 하는데, 이는 품사가 어구의 구조를 설명하는 데 없어서는 안 되는 '도구'('이론구성'이라고도 함)이다. 이 도구가 있어야 우리가 문법을 편리하게 설명할 수 있기 때문이다."(沈家煊 2009) 吕叔湘(1979 : 32)에서도 "품사를 분류하는 것은 문법구조를 설명하기 위해서"이고, "서로 다른 부류의 단어나 구(句)는 어구 속에서 활동 방식도 다르다"고 지적하고 있다. 품사를 나누지 않으면 문법을 설명할 방법이 없다는 것이다.(吕叔湘 1954) 따라서 품사의 분류는 문법학에서 매우 중요한 부분이므로, 『马氏文通』에서부터 훗날의 각종 문법서에 이르기까지 모두 품사분류를 중심으로 논의를 진행하고 있다.

『马氏文通』은 고대 중국어의 문법특징과 규칙을 전면적이면서 깊이 있게 밝혀냄으로써, 하나의 비교적 완전한 문법체계를 구축하였다. 품사는 『马氏文通』 문법연구의 중심 부분이다. 이 책에서는 중국어를 실사와 허

되어 수정함.

5) 역자주 : 청대의 학자. 시와 고문(古文)에 능했음. 주요 저서로는 『助字辨略』, 『周易通说』 등이 있다.

6) 역자주 : 한문 허사를 해설한 책으로 강희(康熙) 52년에 간행됨. 허사를 모두 30종류로 분류하였다.

7) 역자주 : 청대의 대신이자, 저명한 훈고학자이며, 왕념손(王念孙)의 장자. 주요 저서로 『经传释词』, 『康熙字典』의 오류를 교정한 『字典考证』 등이 있다.

8) 역자주 : 청말 왕인지가 지은 책. 전한(前汉, B.C.202-A.D.8).) 이전의 고전(古典)에 나오는 허자 160자에 대해 해설하여 놓았다.

사 두 가지 큰 부류로 나누고, 또 다시 명자(名字), 대자(代字), 정자(静字), 동
자(动字), 상자(状字), 개사(介词), 연자(连字), 조자(助字), 탄자(叹字) 등 9개의 작
은 부류로 나누었는데, 이는 지금까지도 그대로 이어진다. 그런데 『马氏
文通』은 인도유럽어의 문법체계를 저본으로 한 책(『马氏文通』 서문)이므로,
인도유럽어 문법의 영향을 깊이 받을 수밖에 없었다. 그런데 인도유럽어
와 중국어의 가장 두드러진 차이점은, 전자는 형태표지가 있어서 품사와
문장성분이 기본적으로 일대일 대응이지만, 후자는 형태표지가 없고 품
사와 문장성분도 단순한 일대일 대응이 아니라는 것이다(朱德熙 1985a : 4).
따라서 인도유럽어의 문법체계를 이용하여 중국어를 연구할 때, 몇 가지
문제들이 초래되었다. 이 문제를 해결하기 위해서 马建忠은 중국어 자체
의 특징에서 출발하여 약간의 변통을 하였다. 예를 들면, 중국어에는 형
태표지가 없으므로 형태에 근거한 품사분류가 불가능하기 때문에, 주로
의미를 기준으로 품사분류를 진행하였다. 그런데 그 의미 또한 명확히 파
악되지 않기 때문에, 이러한 품사분류 방법은 뒷날 연구자들의 많은 비판
을 받았다.(朱德熙·卢甲文·马真 1961) 또한 马建忠이 품사에 부여한 명칭을
보면, '동자'(동사)는 '정자'(형용사)와 상대적인 것이지만, '명자'(명사)와는
상대적이지가 않다. 이것은 马建忠이 아마도 중국어 명사와 동사의 관계
가 인도유럽어와는 다르다는 것을 어렴풋이 의식하고 고심하여서 그렇게
한 것으로 보인다. 유감스러운 것은 이러한 뛰어난 식견을 나타내는 방법
이 뒷날 응당 받아야 할 관심을 끌지 못했다는 점이다.

　　黎锦熙(1890-1978)[9]의 『新著国语文法』[10]은 1924년에 출판되었다. 이는

---

9) 역자주 : 중국의 언어 문자 학자. 70여 년간 어문(语文) 교육에 종사하면서 언어학, 문자학,
　　문법학, 사전학 등에 걸쳐 많은 저술을 남김. 베이징사범대학교 교수, 중국과학원 철학사
　　회과학학부 위원(院士) 역임. 대표 저서로는 『新著国语文法(새로 쓴 중국어 문법)』, 『国语
　　词典(중국어 사전)』 등이 있다.
10) 역자주 : 중국 최초의 체계적이며 중국적 특색을 체현한 현대중국어 문법 저술. 이 책은
　　모두 20장(章)으로 구성되어 있으며, 중국어의 어휘 구성과 통사 규칙을 총괄하고 귀납

현대 중국어문법 체계를 연구한 최초의 저작으로, "1920년대 중국어문법을 서술한 저작 가운데 가장 영향이 크다."(朱德熙 1980) 이 책은 글자(字), 단어(词), 구(短语), 절(子句), 복문을 구성하는 절(分句), 단문(单句), 복문(复句) 및 6대 문장성분 등의 기본 개념을 확립하고, 이를 상세히 설명하였다. 또 이와 아울러 문장(句) 본위의 문법체계도 수립하였다. 그의 품사관은 "모든 단어는 문장 안에서 품사를 구분하고, 문장을 벗어나면 품사가 없다(凡词, 依句辨品, 离句无品)"는 것이다. 즉 문장 속에서 단어의 기능에 근거하여 품사를 판정하므로, 문장성분을 벗어나면 품사를 판정할 방법이 없다는 것이다. 그런데 이렇게 되면 사실상 중국어는 품사가 없다는 함정에 빠지고 만다. 바로 이것이 다년간 문법학계에서 『新著国语文法』을 비판해온 주된 내용이다.

그 후 1930년대 말에서 1940년대 초까지 陈望道(1891-1977)·方光焘(1898-1964) 등이 중심이 되어 품사구분 문제를 중점으로 한 '문법혁신토론'을 진행하였다. 이어서 1950년대에는 또 『中国语文』편집부에서 중국어 품사문제에 관해 대대적인 토론을 전개하게 된다. 두 차례의 토론을 거치면서 품사연구의 문제가 철저하게 해결되지는 못하였지만, 이와 관련한 연구는 대대적으로 심화되었다. 1980년대에는 구조주의 언어학이 연구자들의 마음속에 깊이 들어옴으로써 문법연구가 전에 없이 번영하였다. 朱德熙와 吕叔湘 등 학자들의 관련 연구저작을 대표로 하는 품사연구가 역사상 유래 없는 높은 수준에 도달하여, 품사구분의 의미 기준(意义标准)은 기본적으로 폐기되고, 기능분포 기준(功能分布标准)이 학자들의 인정을 받게 된다.11) 그 후 1990년대부터 인지문법학이 중국에서 주목을 받으면서, 품

하였다.

11) 저자주 : 吕叔湘 선생은 품사를 나눌 때 "주로 통사기능에 의거하고(主要依靠句法功能)"(1979: 3 3), 문법적으로 개별 단어가 가지고 있는 성질의 전환 문제를 다룰 때는 "어의의 변화를 참고로 할 수 있다(语义变化可以作为参考)"고 여겼다(1979 : 46).

사문제의 연구를 더욱 촉진하였다.

그런데 100여 년의 노력을 거치면서 언어 사실에 대한 연구자들의 발굴은 더욱 세밀해지고 연구도 갈수록 깊이를 더해갔지만, 품사연구의 근본적인 문제는 바람직한 해결방법이 없어 연구자들을 혼란스럽게 만들었다. 朱德熙(1985a : iii)는 장기간 논쟁이 끊이지 않는 중국어의 많은 문제에 대해, "이들 논쟁 가운데 대부분은 인도유럽어 전통문법 관념의 영향을 받음으로써 중국어문법 본래의 면목을 분명하게 보지 못했기 때문에 야기된 것"이라고 말했다. 또 吕叔湘(2002)은 『语法研究中的破与立』라는 책에서 중국어문법 연구는 "대대적으로 파괴해야 하고(大破特破)", 전통의 틀에 부딪히는 데에 용감해야 하며, 심지어 서양문법의 기본 용어를 "잠시 내려놓기도(暂时抛弃)" 해야 한다고 분명하게 지적하였다. 여기에는 '동사'나 '형용사'도 포함된다. 그렇다면 중국어품사 연구에서 나타나는 많은 문제의 원인은 무엇인가? 중국어품사 체계 자체가 문제인가 아니면 인도유럽어의 영향에서 철저하게 벗어나지 못한 채, 이를 가지고 중국어문법을 설명함으로써 "둥근 구멍에 모난 기둥을 박은 듯, 서로 맞지 않아 통하기 어려운(圆凿方枘, 捍格难通)" 것이 문제인가?

2007년을 시작으로, 沈家煊은 일련의 논문을 지속적으로 발표하면서, 중국어 품사의 구조는 '명동포함(名动包含)'이라는 완전히 새로운 유형이라고 주장하였다. 명동포함이란 명사와 동사는 포함관계이며, 명사는 동사를 포함하고 동사는 명사의 한 부분임을 말한다. 또한 그는 이를 출발점으로 하여, 분법연구 중의 문제들을 새롭게 세심히 관찰하였다. 인도유럽어를 근거로 한 이전의 '명동분립(名动分立)' 유형과 비교해 보면, 명동포함 구조는 문법체계의 '자기모순'과 '복잡성'의 문제를 말끔히 해결하였다. 이로써 명동포함 구조는 문법연구에서 하나의 중시할 만한 연구의 모범 사례로서 이 분야 연구의 새로운 돌파구를 열었다.

이 책은 명동포함 구조를 출발점으로 하여 중국어 품사연구에 관련된 문제에 대해 정리를 하고자 한다. 우선 중국어 품사연구는 하나의 골치 아픈 문제로, 이론과 응용에서 모두 해결할 수 없는 문제가 존재함을 설명하였다. 이어서 '명동포함' 유형의 핵심내용을 소개하고, 이 포함모델이 선배학자의 이론을 계승한 점과 뛰어넘은 점 및 연구방법상의 특징, 그리고 중국어 보통화 언어학연구에 대한 공헌을 서술하였다. 또 아울러 이를 바탕으로 명동포함 유형의 철학적 기반에 대해 논술하였다. 마지막으로 명동포함의 시각을 통해 품사연구에서 비교적 큰 논쟁거리가 되는 몇 가지 문제에 대해 정리와 분석을 진행하였다. 품사 문제에 대한 분석 외에도, 이 책은 이를 예로 인도유럽어의 시각에서 벗어나 중국어 자체의 사실에서 출발하여야 비로소 중국어문법 연구의 획기적인 진전을 이룰 수 있다는 사실에 대해 설명할 수 있기를 바란다.

한국어판 머리말

/

王冬梅

『汉语词类问题』의 한국어 번역본이 곧 출간된다니 대단히 기쁘고 영광스럽다. 품사연구는 중국어 문법연구의 핵심 과제 가운데 하나이고, 오랫동안 논쟁이 끊이지 않던 골칫거리이기도 하다. 그래서 품사연구의 혁신은 바로 최근 1~20년 동안 진행된 중국어 문법연구의 커다란 성과이기도 하다. 이 책은 '명동분립(名动分立)'과 '명동포함'(名动包含)의 두 가지 다른 품사관을 중심에 놓고, 중국어 품사연구에 대해 비교적 전면적인 정리와 개괄을 진행하였다. 또한 '명동포함' 모델에 대해, 그 핵심 내용, 선배 학자들의 연구 성과에 대한 계승과 돌파, 기존 중국어 문법체계 개선에 대한 가치와 역할, 일반언어학 연구에 대한 기여 등의 내용을 중점적으로 소개하였다. 품사문제에 초점을 맞추고 있지만, 이 책의 시야는 결코 품사연구에 갇혀있지 않고, 중국어문법 연구방법에 대해서도 반성을 하고 있다. 그리고 '분립'과 '포함'의 대립이 중국과 서양의 언어의 차이를 드러내는 바, 그 심층 원인은 중국과 서양의 범주관의 차이이고, 중국어 문법연구에서의 많은 문제도 '품사포함'의 시각을 통해야만 비로소 해결이 가능하다는 것을 여러 각도에서 강조하였다.

여기에서, 필자는 먼저 나의 박사 지도교수이신 沈家煊 선생님에게 감사를 드리고자 한다. 한편으로는 이 책의 많은 관점이 바로 선생님의 창조적인 연구에서 비롯되었기 때문이고, 다른 한편으로는 이 책이 선생님께서 편집을 주관하신 '언어학 쟁점 연구총서' 가운데 한 권이기 때문이다. 본 총서는 『马氏文通』이 서양언어학 이론을 도입한 이래, 중국 언어학계에서 논의된 몇몇 핫 이슈에 대해 정리와 평석을 가하고, 중국어 연구가 인도유럽어 전통 관념의 틀에서 벗어나, 중국어의 개성과 언어사실에서 다시 출발해야 할 필요성을 천명하는 데 취지를 두었다.

2018년 10월 출간된 총서 제1집은 모두 7권인데, 본서 외에 『语音答问』(朱晓农), 『说"王冕死了父亲"句』(刘探宙), 『说"的"和"的"字结构』(完权), 『韵律和语法』(柯航), 『主语和话题』(宋文辉), 『从"单复句"到"流水句"』(许立群) 등 6권을 포함한다. 총서 제2집도 조만간 출간될 예정으로, 현재 한창 준비 중에 있다. 그리고 이 총서의 출간 동기는 沈家煊 선생님의 '총서 머리말'에 이미 상세히 설명되어 있다.

다음으로, 나의 후배이자 이 책의 한국어판 번역자인 이선희 교수에게 감사를 드린다. 그의 근면함과 노력으로 이 책이 한국의 학자들과 신속하게 만날 수 있게 되었다.

이 책의 한국어 번역본이 한국 독자들로 하여금 세계 언어 속에서 중국어의 독특한 특성과 중국어 품사문제 연구에 대해 비교적 포괄적으로 이해할 수 있게 되기를 희망한다. 또한 이를 통해 한국의 독자들이 중국어 품사 관련 지식과 더불어 다른 측면에서의 시사점을 얻음으로써 함께 일반언어학의 학술적인 발전을 촉진시킬 수 있게 되기를 기원한다.

自序

/

王冬梅

　　《汉语词类问题》一书的韩文译本即将面世，我感到非常高兴，也非常荣幸。词类研究，是汉语语法研究的核心问题之一，也是一个长期争议不休的老大难问题，而词类研究的突破，又正是最近一二十年汉语语法研究的一大成果。本书围绕"名动分立"和"名动包含"两种不同的词类观，对汉语词类研究做了一次较为全面的梳理与总结，重点介绍了"名动包含"模式的要义、该模式对前辈学者研究成果的继承与突破、对改进已有汉语语法体系的价值与作用、对普通语言学研究的贡献等方面的内容。本书虽聚焦于词类问题，视野却并不囿于词类研究，而致力于对汉语语法研究方法也有所反思，从多方面强调："分立"与"包含"的对立体现了中西语言之别，其深层原因则是中西方范畴观的差异；汉语语法研究中的很多问题，也只有在"类包含"的视角下才能得到解决。

　　在此，我首先要感谢我的博士导师沈家煊先生。一方面本书的许多观点正是源自先生的开创性研究，另一方面，本书是先生主编的"语言学热点问题研究丛书"中的一本。本丛书旨在对『马氏文通』引进西方语言学理论以来中国语言学界的若干热点话题加以梳理和评析，阐明汉语研究必须摆脱印欧语传统观念的束缚，从汉语的个性、从汉语的语言事实再出发的必要性。丛书第一辑2018年10月出版，共包括7本，除本书外还有『语音答问』（朱晓农）『说"王冕死了父亲"句』（刘探宙）『说"的"和"的"字结构』（完权）『韵律和语法』（柯航）

『主语和话题』(宋文辉) 『从"单复句"到"流水句"』(许立群) 等。第二辑也将于近期出版， 目前正紧锣密鼓地进行之中。而这套丛书的缘起， 沈先生在"总序"中已经有了详细说明。

其次， 要感谢我的师妹、本书韩文版的译者李善熙女士。是她的勤奋和努力， 使得本书能够迅速和韩国同行们见面。

希望本书的韩文译本， 能让韩国读者对汉语在世界语言中的独特性、对汉语词类问题的研究有比较全面的了解， 从中不仅能够获得汉语词类有关的知识， 而且也能够得到其他方面的启示， 从而共同推进普通语言学的学术进步。

2019年6月

　이 책은 최근 출간된 '언어학 쟁점 연구총서' 가운데 하나인 王冬梅
교수의 『汉语词类问题』를 우리말로 옮긴 것이다. 품사는 문법연구의 기
본적인 도구라 할 수 있다. 중국인이 쓴 최초의 체계적인 문법서인 『马
氏文通』이 나온 이래 지금까지 중국어 품사관은 명사와 동사의 범주가
서로 분립한다는 이른바 '명동분립'관이 주류를 이루었다. 이러한 관점
은 인도유럽어의 품사관을 바탕으로 중국어 품사체계를 건립한 결과이
다. 그런데 중국어에는 '명동분립'의 품사관으로는 설명할 수 없는 문
제들이 여전히 과제로 남아있었다.

　중국어 품사 연구에 있어 난공불락 같은 이러한 주류 관점에 의심을
품고 과감하게 도전장을 내민 이론이 이른바 '명동포함'설이다. 중국사
회과학원 연구원인 沈家煊선생님은 2007년을 시작으로 일련의 논문에
서 중국어는 명사가 동사를 포함하고, 동사는 명사의 하위부류라는 주
장을 통해 이러한 관점을 구체화하였다. 王冬梅교수의 『汉语词类问题』
는 바로 이 '명동포함'의 관점에서 출발하여, 중국어 품사연구에 대한
주요 주장을 전면적으로 정리하고 개괄한 저작이다.

　책 전체는 9장으로 구성되어 있다. 서론에서는 지금까지의 중국어 품
사연구과정을 돌아보았고, 제1장에서는 '명동분립'의 품사체계에서 나타

난 '중심확장규칙의 위반'과 '병렬규칙 위반', '겸류' 등의 문제를 분석하고, '명동분립' 체계의 문제점에 대해 설명하고 있다. 제2장에서는 '명동포함'의 품사체계를 소개하고, 이를 통한 품사문제의 해결방안을 모색하였다. 제3장에서는 趙元任의 '불완전문장(零句)'설과 吕叔湘의 '무종지문無終止文(流水句)'설, 朱德熙의 동사가 주어나 목적어가 될 때 성질에 변화가 없다는 주장, 그리고 실현관계, 구성관계 등 선배 학자들의 연구 성과를 중심으로, 沈家煊선생님의 '명동포함' 품사관의 계승과 혁신에 대해 설명하고 있다. 제4장과 제5장에서는 구체적인 사례를 통해 '명동포함' 체계가 중국어의 언어사실과 어감을 존중하는 관점임을 설명하였다. 제6장은 일반언어학의 관점에서 '명동포함' 체계의 공헌에 대해 설명하였고, 제7장에서는 중국어에서 중시하는 '是'와 '有'의 영역 구분과 운율(韵律), '대문법(大语法)' 체계의 구상을 논하고 있다. 마지막으로 제8장과 제9장에서는 각각 '명동포함' 품사관의 철학적 토대와 몇몇 구체적인 문제에 대해 서술하였다.

이 책은 중국어, 특히 중국어 품사를 연구하고자 하는 분들께 좋은 참고서가 될 것으로 생각된다. 본서 논지 전개의 근간이 되는 '명동포함'설은 중국어 품사 연구에 관한 기존 연구의 한계를 극복한 혁신적인 이론으로, 현재 학계의 커다란 주목을 받고 있다. 또한 본서를 위시한 7종의 연구총서는 현재 중국의 대학원 교재로 널리 채택되어 중국어 연구의 새로운 길라잡이가 되고 있다.

사실, 王冬梅교수는 옮긴이의 선배이자 오랜 친구이다. 이 책은 저자와 역자의 지도교수이신 沈家煊선생님의 품사관을 포괄적이면서 체계적으로 이해가기 쉽게 소개, 정리하고 있어, 중국어 품사연구의 새로운 관점인 '명동포함설'을 처음으로 접하기에 적합할 것으로 생각된다. 하지만 초학자들도 이해하기 쉽게 썼다고는 하나, 실제 내용 자체가 깊이가 있고, 철학적 내용도 일부 포함하고 있어, 단번에 전체를 다 이해하는 것이 어려울 수도 있다. 하지만, 저자가 풍부한 예문과 자세한 설명을 통해 독자의 이해를 돕고 있어, 그 사고 맥락을 찬찬히 탐색하며 읽다가 보면 의외의 재미를 느낄 수 있을 것이다.

　이 책을 처음 접할 때부터 이런 저런 이유로 우리말 번역을 하리라 마음먹었었다. 이제 마무리를 앞두고 있어 마음이 홀가분하다. 이 역서의 출판을 흔쾌히 허락해주신 역락출판사 이대현 사장님께 깊은 감사를 드린다. 그리고 원고를 세밀하게 살펴서 깔끔하게 편집해 주신 홍혜정 선생께도 고마움을 표한다. 학술서적이라 우리말로 정확한 표현을 찾는 것이 쉽지 않았다. 매끄럽지 못하고 이해하기에 곤란을 느끼는 부분이 눈에 띈다면, 이는 역자의 역량 부족으로 인한 것이기에 독자의 따뜻한 양해와 질정을 바란다.

2019. 6.

품사는
골칫거리
문제

품사는 골칫거리 문제

현대 중국어문법 연구에서 품사는 줄곧 골칫거리 문제로, 자기모순과 복잡성 등의 이론적인 문제가 존재하고 응용상의 어려움에도 직면해 있다.

제1절 이론상의 자기모순과 복잡성

문법체계는 자기조화와 간결성을 최고의 원칙으로 삼는다. 자기조화는 자기모순이 되어서도 안 되고 순환논증을 해서도 안 됨을 가리킨다. 그리고 간결성이란 지나치게 복잡하지 않고, 가능한 한 단순하게 함을 말한다. 즉, 똑같은 양의 언어사실을 설명하는데 하나의 범주로 충분하다면 굳이 두 개가 범주가 필요하지 않고, 한 가지 규칙으로 충분하다면 굳이 두 가지 규칙을 정할 필요가 없으며, 하나의 가설로 충분하다면 굳이 두 가지 가설을 세울 필요가 없고, 하나의 분석단계로 충분하다면 굳이 두 가지 단계를 설정할 필요가 없다는 것이다.(沈家煊 2016 : 9) 朱德熙(1985a : 77) 도 하나의 이론이나 체계를 평가할 때, "간결성과 엄격성 두 가지 모두 중요한 기준이다"라고 하였다. 하지만 전통적인 현대중국어문법 체계에는 이론상의 자기모순과 지나친 복잡성의 문제가 존재하는데, 여기에는 다음 몇 가지 상황이 포함된다.

1. 중심확장규칙의 위반

주어·목적어 자리의 동사와 형용사의 성질에 대해서 전통적인 문법분석에는 두 가지 종류의 관점이 있다. 하나는 동사가 명사로 전환되었다는 것이다. 『马氏文通』(1898)의 '품사가차'설, 黎锦熙·刘世儒(1959)의 '명사전환'설, 陈承泽(1922)·王力(1943)·谭全(1978)·张静(1987) 등의 '품사활용'설, 呂叔湘·朱德熙(1952)의 '변성(变性)'설 및 1950년대에 출현한 '명물화(名物化)'설(『暂拟汉语教学语法系统』 1956) 등의 주장들은 차이는 있지만 기본적인 관점은 일치한다. 그것은 주어·목적어 자리의 동사는 명사의 성질을 지니고 있다는 것이다.[1] 이 가운데 명물화설은 영향이 가장 크므로, 이 부류 관점의 대표라 할 수 있다. 또 다른 관점은 주어·목적어 자리에 있는 동사를 여전히 동사로 보는 것이다. 朱德熙·卢甲文·马真(1961)으로 대표되는 이 관점은 명물화에 대해 전면적이고 철저한 비판을 가하였다. 이들 학자는 중국어 품사와 문장성분은 일대일로 대응하는 것이 아니어서 명사는 주어 외에 관형어도 될 수 있고, 동사는 서술어 외에 주어·목적어도 될 수 있으며, 형용사는 관형어와 서술어가 모두 될 수 있는데, 이 것이 품사와 문장성분이 엄격하게 대응하는 인도유럽어와 중국어의 차이라고 주장하였다.

명물화설은 불필요한 단계와 명목을 늘리지 말아야 한다는 문법분석의 간결성 원칙(principle of simplicity)을 위반한다. 呂叔湘(1979 : 46)은 같은 조건 하에서 동일한 부류의 단어가 모두 가지고 있는 용법이라면, 이를 품사변환으로 볼 수는 없다고 주장하였다. 중국어의 거의 모든 동사가 모두 주어와 목적어의 자리에 출현할 수 있는 이상, 이를 동사 자체의 특성으로 간주하면 되므로 동사가 명사로 바뀌었다는 것은 완전히 불필요한 것이

---

[1] 저자주 : 주어·목적어 자리에 위치한 동사의 특징에 관해서는 沈家煊(1999) 『不对称和标记论』 274-282 쪽에 상세하게 서술되어 있다.

다. 또 간결성 원칙에 따라 하나의 명목으로 설명이 가능하다면, 굳이 두 개의 명목을 세우지 말아야 한다. 문장성분의 기능으로 단어의 품사를 정하면, 품사와 문장성분이 일대일 대응하므로 두 가지 명목이 아닌 하나의 명목으로 충분하다.

'품사불변(词类不变)'설은 간결성 원칙에는 부합하지만, 중심확장규칙 (Head Feature Extension)에는 위배된다. 중심확장규칙은 간단하게 '확장규칙' 이라고 하며, 내심구조(endocentric construction)이론2)이라고도 한다. 내심구조란 하나의 성분을 중심으로 확장을 하였을 때, 확장 후의 구조와 중심성분의 문법성질이 일치하는 것을 가리킨다. 품사불변설의 핵심은 동사와 형용사가 관형어의 수식을 받아 주어·목적어가 되었을 경우, 자신의 성질은 동사나 형용사로 변하지 않지만, 전체 구조는 명사성이 된다는 것이다. 예를 들어 '这本书的出版(이 책의 출판)'에서 '出版(출판하다)'은 여전히 동사지만, 전체 구조는 명사성이다. 그런데 이렇게 되면 문법구조의 중심확장규칙을 위반하게 된다.(施关淦 1981)

혹자는 이를 두고 '확장규칙'이 "말썽을 일으키고 있는 것"이라며, Bloomfield (1887-1949)3)의 내심구조이론 자체에 문제가 있다고 말한다.(司富珍 2006, 陈国华 2009) 그렇지만 黄和斌(2014)은 그들의 의심은 모두 Bloomfield의 내심구조이론에 대한 오해 때문이라고 분석하였다. 그런가 하면, 내심구조이론은 중국어에 적용하기에 적합하지 않으므로 "맹목적으로 그대로 가져

---

2) 역자주 : Leonard Bloomfield의 이론. Bloomfield는 구문 구조를 두 종류로 나누었는데, 전체 문법 기능과 같은 직접성분을 적어도 하나만이라도 가지고 있는 구조를 내심구조 (endocentric construction)라고 하고, 내심구조 안에서 전체 기능과 같은 직접성분은 이 내심구조의 핵심이라고 불렀다. 모든 직접성분이 전부 다 전체적인 문법기능과 다른 구조를 외심구조(exocentric construction)라고 하였다.

3) 역자주 : 미국의 언어학자. 시카고대학, 예일대학 교수 역임. 미국 구조언어학의 창시자로 심리학의 행동주의 입장에서 반(反) 멘탈리즘의 언어분석을 전개하였음. 대표저서로는 『An Introduction to the Study of Language』, 『Language』 등이 있다.

와 써서는 안 된다"라고 지적한 이도 있다.(方光焘 1997 : 261) 朱德熙(1985b)
와 다른 학자들(陆丙甫 1985, 金立鑫 1987, 项梦冰 1991 등)은 중국어에 적합하게
내심구조이론의 정의에 수정을 가하였으나, 이 역시 모든 이를 만족시킬
수는 없었다.(施关淦 1988, 吴长安 2006 참조)

　상술한 토론은 모두 '出版'이 '这本书的出版'의 중심어라는 데 바탕을
두고 진행한 것으로, 문제해결에는 모두 실패하였다. 이에 몇몇 생성문법
학자들(程工 1999, 司富珍 2002・2004, 熊仲儒 2005)은 또 다른 각도에서 심도
있게 'N的V'의 핵심을 수정하는 방식으로 모순을 해결하고자 하였다. 그
주요 관점은 Abney(1987)가 제기한 DP가설4)(전통분석법에서의 명사구는 사실상
관형어의 최대 투사(投射))에 근거하여, 'N的V'구조를 '한정명사구(DP, Determiner
Phrase)'로 분석하고, 가운데의 '的'를 이 구의 중심어 성분 D로 분석하였
다. 즉 D는 [+N]의 특징을 가지며, 모든 DP구의 명사성을 결정한다는
것이다. 이 분석법의 문제는, 중국어의 관점에서 '的出版'을 '出版了'처럼
하나의 직접성분으로 간주한다는 것인데, 이는 사람들의 어감과 상당히
배치된다. 또 다른 문제는 운율, 의미, 구조의 관점에서 '的'가 앞의 성분
과 결합하여 하나의 직접성분을 구성해야 한다는 것이다. 이는 생성문법
연구에 종사하는 학자들(李艳惠 2008, 石定栩 2008, 邓思颖 2006 등)조차도 어감
상 인정하기 어렵다고 하였고, 周国光(2005, 2006), 吴长安(2006), 潘海华・陆
烁(2013) 등의 학자들도 이러한 분석법의 문제점에 대해 전면적인 검토를
진행하였다. 周韧(2012)은 '的'를 중심으로 보았을 때의 문제는, 이 중심 성
분을 제거한 후 남아있는 부분이 원래의 전체 구조의 통사, 의미기능과
서로 달라야 하지만, '木头的房子(나무로 된 집)'와 '红的花(붉은 꽃)'처럼 가장
흔히 보이는 두 종류의 명사구는 오히려 그렇지 않다는 것이다. 또한 이
러한 분석법의 전제는 DP에서 '出版'의 절점(node)이 명사 N이라고 인정

---

4) 역자주 : D가 NP를 보충어로 가지는 DP의 핵심어(head)라는 가설.

하는 것으로, '出版'이 명사화되었음을 증명한다.(熊仲儒 2005) 하지만 이는
또 '간결성 원칙'에 위배된다.

또 어떤 학자는 'N的V' 구조는 주술구조 NV 가운데에 '的'를 삽입하여
만든 것으로 보아 '的'를 [+N]의 특징을 지닌 중심으로 분석하거나(陆俭明
2003), "자신을 가리키는 명사화 표지"(袁毓林, 2010b)라고 분석하였다. 이렇
게 분석하면 '出版'의 명사화 문제는 해결이 되지만, 하나의 통일된 '的'
를 '木头的房子'의 '的'(朱德熙가 정한 '的3')와 '这本书的出版'의 '的'의 두 가
지로 나눈다는 것이 또 문제가 된다. 이는 간결성 원칙에도 맞지 않고, 해
결하기 어려운 더 많은 새로운 문제를 야기하였다.(沈家煊 2016 : 68-69)

우선, 'N的V'와 NV가 동일한 단락 내에서 함께 주어나 목적어 자리에
출현할 경우, 이를 어떻게 분석해야 하는가이다.

美国的介入是肯定的。无非是硬介入还是软介入, 以及介入力度大小的问题。……
所以**美国介入**是有条件的……(转引自完权 2010b)
(미국의 개입은 틀림없는 것이다. 억지로 개입할 것이냐 아니면 자연스럽
게 개입할 것이냐, 그리고 개입 강도가 클 것인가 작을 것인가의 문제일 뿐.
……따라서 미국 개입에는 조건이 있다…)

(完权 2010b에서 재인용)

만약 '美国的介入'의 중심이 '的'라면, '美国介入'의 중심은 '介入'인가
아니면 생략된 '的'인가? 앞의 관점은 이 두 구에 서로 다른 중심이 있다
고 말하는 것과 같은데, 이는 어구를 이해하는 데 도움이 되지 않는다. 뒤
의 관점은 '图书出版, 问题研究, 哲学思考' 등이 모두 '的'를 내포하고 있다
고 말하는 것과 같은데, 이는 동사가 주어나 목적어가 될 때 명사화 표지
를 내포하고 있다고 말하는 것과 같다.

다음으로, 중간에 '的'가 있고 뒤에 동사가 있는 구조는 원래 주술구조

외에 다른 구조의 경우도 많이 있다. 예를 들어보자.

面向基层的扶贫帮困应该持续下去。
하층민을 향한 가난 구제 지원은 계속해 나가야 한다.
大家对于名物化理论的批评都很中肯。
명물화 이론에 대한 모두의 비평은 다 정확하고 확실하다.
报纸上说的坐航天飞机旅行目前还无法实现。
신문지상에서 보도한 스페이스 셔틀을 타고 여행하는 것은 지금은 실현
불가능하다.

(石定栩 2008)

진한 글씨로 된 이 구조들은 '的'를 제거하면 모두 주술구조로의 환원
이 어렵거나 불가능하다. 따라서 주술구조에 '的'를 삽입한 것이라는 설
명은 일부 경우에만 적용된다.5) 또 '这本书出版了'와 같은 주술구조는 중
간에 '的'를 삽입한 '这本书的出版了'로 바꿀 수가 없다. 그리고 이에 대해
'这本书出版'은 구이고, '这本书出版了'는 문장이라고 설명하는 것은 또 중
국어의 문장과 구의 구조 원칙이 기본적으로 일치한다는 중요한 사실을
간과한 것이다. 또한 '的'를 삽입한 것과 삽입하지 않은 것은 의미에 차이
가 있을 수 있다. 예를 들어보자.

  a. 你没有他的勤奋。
     너에게는 그의 부지런함이 없다.
  b. 你没有他勤奋。
     너는 그만큼 열심히 하지는 않는다.

a문장에는 '너는 부지런하지 않다(你不勤奋)'는 의미가 있을 수 있지만, b

---

5) 저자주 : 袁毓林(2010b) '잠재된 주어(潜主语)'와 '잠재된 목적어(潜宾语)'를 덧붙이는 것으
   로써 설명하였는데, 이는 자의적이고 복잡하다.

문장에는 '너는 그만큼 열심히 하지는 않는다(你不如他勤奮)'는 의미만 있다. 이것은 '他的勤奮'이 단순히 주술구조 '他勤奮'의 두 성분 사이에 '的'를 삽입한 것이 아님을 분명히 보여준다.

이로써 지금까지 여러 학자들의 시도가 모두 '확장규칙' 위반의 문제를 해결하지 못하였음을 알 수 있다. 그런데 확장규칙을 위반하는 것은 언어의 귀환성(recursiveness)을 훼손할 수 있으므로 심각한 결과를 초래하게 된다. 왜냐하면 귀환성은 인류 언어가 동물의 신호전달 체계와 구별되는 특성 가운데 하나이자 인류 언어의 창조적 능력을 보여주는 것이기 때문이다. 확장규칙을 포기하는 것은 곧 언어의 귀환성을 파괴하는 것이므로, 인류언어의 창조성 또한 논할 바가 못 된다.

2. 병렬규칙의 위반

문법구조의 병렬규칙이란 임시로 활용하는 경우를 제외하고, 병렬하는 두 개의 성분은 반드시 같은 품사이거나 또는 하나의 범주에 속해야 함을 말한다.(Radford, 1988 : 76) 영어를 예로 들어보자.

John wrote [a letter] and [a postcard]. → 명사구와 명사구가 병렬
(존은 [편지 한 통]과 [우편엽서 한 장]을 썼다.)
John wrote [to Mary] and [to Fred]. → 개사구와 개사구가 병렬
(존은 [메리에게] 그리고 [프레드에게] 썼다.)
*John wrote [a letter] and [to Fred]. → 명사구와 개사구가 병렬
*John wrote [to Fred] and [a letter]. → 개사구와 명사구가 병렬

중국어에서 'N和V'가 주어나 목적어가 되는 경우는 아주 흔히 보이는데, 이때 V를 여전히 동사라고 하는 것은 문법구조의 병렬규칙에 위배된다.

袁毓林(2010a)은 주어·목적어 자리에 출현하는 'N和V' 안의 V는 모두 명동사(名动词)이며, 이때는 명사성을 나타내므로 병렬규칙을 위반하지 않았다고 하였다. 그는 다음 예를 들어 설명하고 있다.

图书和出版	*书和出
도서와 출판	책과 세상에 나오다
自考书籍和电子出版	*自考书籍和马上出版
독학 서적과 전자출판	독학 서적과 곧 출판되다
疾病和治疗	*病和治
질병과 치료	병과 치료하다
肠胃疾病和食物治疗	*肠胃疾病和及时治疗
위장병과 식이요법	위장병과 적시 치료하다
商品和销售	*货和卖
상품과 판매	상품과 팔다
保健商品和季节销售	*保健商品和即将销售
보건상품과 계절 판매	보건상품과 곧 판매하다

袁毓林은 오른쪽 열의 '出(나오다), 治(치료하다), 卖(팔다)'는 명동사가 아니며, '出版(출판(하다)), 治疗(치료(하다)), 销售(판매(하다))'는 부사의 수식을 받아 동사성을 나타내기 때문에 모두 'N和V' 안에 출현할 수 없다고 보았다. 그런데 실제 코퍼스에는 N과 V의 병렬구조를 많이 볼 수 있으며, 명사와 병렬되는 것은 명동사에만 국한되지 않는다. 또 명동사라 하더라도 부사의 수식을 받을 수도 있다.(특히 '不'의 수식을 받을 수 있다)(沈家煊 2016 : 71). 명사와 동사가 병렬되는 경우는 다음과 같다.

罪与罚 죄와 처벌하다	泪与笑 눈물과 웃다
性与睡 성과 잠자다	蛇和被抓 뱀과 잡히다

裸体与出书 나체와 출판하다　　　　买房与风水 집을 사다와 풍수
一夜情与做工程 하룻밤의 정과 작업을 하다
早期教育与看电视 조기교육과 텔레비전을 보다
退出和退出状态 퇴출하다와 퇴출 상태
瑜珈和慢跑 요가와 느리게 달리다
知情权与不知情 알 권리와 사정을 모르다
操作策略与及时解盘 운용 책략과 적시에 판세를 분석하다
社区卫生服务与看病贵 지역사회 위생서비스와 진료비는 비싸다
女人挨骂与"浪"女人 여자가 욕을 먹다와 '노는' 여자

명사와 형용사가 병렬되는 경우는 다음과 같다.

力与美 힘과 아름답다
婚姻与孤独 혼인과 고독하다
雨季和懒散 우기와 나태하다
流氓和不仗义 건달과 의기를 중시하지 않다
草民和不识相 평민과 눈치 없다

이들 병렬구조는 문어적인 것도 있고, 구어적인 것도 있다. 주로 2음절
이 많지만, 단음절과 다음절도 포함된다. 이로써 N和V가 병렬되어 주
어·목적어가 되는 경우는 흔히 볼 수 있는 현상으로 어떤 특수한 용법
이 아님을 알 수 있다. 물론 이들을 영어로 번역하면 V는 명사로 전환되
어야 한다. 다시 말해 'N和V'가 주어·목적어가 되었을 때, V를 동사로
간주하는 것은 확실히 병렬규칙에 위배된다.
　이외에도 'N和V'가 'N的V'의 구조로 전환될 수 있는 예들은 많다.

　蛇和被抓 뱀과 잡히다　　　　→　蛇的被抓 뱀의 포획

力和美 힘과 아름답다 　　　　→ 　力的美 힘의 아름다움
雨季和懶散 우기와 나태하다 　　→ 　雨季的懶散 우기의 나태
草民和不识相 평민과 눈치 없다 　→ 　草民的不识相 평민의 착각

'N和V'의 V는 명동사로 보고, 'N的V'의 V는 동사로 보는 것은 양자의
차이를 지나치게 크게 봄으로써 간단한 문제를 더욱 복잡하게 만든다.

3. 직접적인 정의가 불가능한 명사

명사의 경계를 확정짓는 것은 줄곧 해결되지 않은 문제이다. 朱德熙
(1985a)는 품사를 분류할 때 단어의 문법적 특징, 즉 어떤 부류의 단어들만
가지고 있고, 다른 부류의 단어들은 가지고 있지 않는 문법성질에 근거해
야 한다고 하였다. 이는 기본적으로 문법학계의 일치된 동의를 얻었다.
명사의 문법성질은 주어와 목적어가 될 수 있고, 관형어와 수량사의 수식
을 받을 수 있다는 점을 포함한다. 하지만 朱德熙가 지적한 바와 같이,
"이 세 가지 중에는 명사만의 문법특징이라고 할 만한 것은 하나도 없다.
왜냐하면 이들 문법기능은 동사와 형용사도 가지고 있기 때문이다".

동사가 주어·목적어가 되고 관형어의 수식을 받는 경우는 매우 흔하
다. '笑比哭好(웃는 것이 우는 것보다 낫다)', '这本书的出版很不容易(이 책의 출판
은 매우 어렵다)' 등이 그 예이다. 그러므로 앞의 두 가지(주어·목적어가 되고
관형어의 수식을 받는 경우)가 명사의 문법특징이 아니라는 점은 학자들도 모
두 동의하는 바이다. 하지만 수량사의 수식을 받는다는 것은 일반적으로
명사의 문법특징이라고 인정된다. 심지어 朱德熙도 수량사의 수식을 받는
것이 명사와 동사의 공통적인 특징이라고 명확히 지적하였지만, 구체적
인 문법분석에서는 이를 명사 판정의 기준으로 삼을 수 있다고 보았다.
예를 들면, 관형어와 부사어를 구분할 때, '这个人是黄头发(이 사람은 노랑머

리이다)'의 '黄(노랗다)'은 관형어이고, '他弟弟也黄头发(그의 남동생도 노랑머리)'의 '也(도)'는 부사어라고 확정하는 근거가 바로 수량사의 수식을 받을 수 있는가 여부이다. '黄头发(노랑머리)'는 '一根黄头发(노랑머리 한 가닥)'와 같이 수량사의 수식을 받을 수 있기 때문에 명사성이지만, '也黄头发(-도 노랑머리)'는 수량사의 수식을 받을 수 없고, '一根也黄头发(한 가닥도 노랑머리)'라고 말할 수도 없기 때문에, '也黄头发'는 술어성이다.(朱德熙 1985 : 46-48)

사실 명사와 마찬가지로 동사도 수량사의 수식을 받을 수 있다. 다음은 沈家煊(2016)이 든 예이다.

> 挨了一拳
> 한 주먹 얻어맞았다
> 吓了一跳
> 놀라 펄쩍 뛰었다
> 三顾茅庐
> 초가집을 세 번 찾아갔다
> 两学一做
> 두 가지(공산당 당장党章·당규党规와 시진핑 주석 담화 속 개혁정신)를 배워서 한 가지(참된 공산당원이 되는 것) 실천하자
> 三分赞成七分反对
> 30%는 찬성하고, 70%는 반대한다
> 有两种快
> 두 가지의 빠름이 있다
> 这一次去西藏多亏了你
> 이번에 티베트에 가면서 너에게 신세를 많이 졌다
> 导演冯小刚三个转身都很华丽
> 冯小刚감독의 세 차례 변신은 모두 아주 화려했다

吕叔湘(1999)은 근대 중국어에서 동사가 '(一)个(하나)'의 수식을 받는 다

량의 예를 들었다.

> 做个准备
> 준비를 하다
> 有个下落
> 한 차례 하락하다(행방이 있다)
> 觅个自刎
> 스스로 자결하다
> 吃亏在一个聪明好胜
> 총명함과 승부욕 하나로 손해를 보다
> 落个人财两空
> 사람과 재물 둘 다 잃는 지경에 떨어지다

崔山佳(2013)는 동사가 '一件(한 건)'과 '一段(한동안)' 등의 수식을 받는 경우의 예를 들었다.

> 一件虚惊 한차례 괜히 놀람　　一件奇异 한 가지 기이함
> 一段相思 한동안 사모함　　　一段娇羞 한동안 부끄러움
> 一番教育 한번 교육함　　　　一重怒　 한 번 진노함

동사·형용사는 아래의 문장구조에서도 자주 나타난다.

> 来一个不吭声 한 마디 말도 하지 않다
> 好一个教书育人 지식을 전달하고 인재를 양성하는군(풍자)
> 这叫一个爽 이것이 시원함이다
> 那叫一个棒 그것은 대단한 것이다
> 搞它个水落石出 일의 진상을 밝혀내다
> 打得个落花流水 떨어진 꽃잎이 물에 떠내려 갈(참패할) 정도로 싸우다
> 北风那个吹 북풍이 세차게 불다

瞅他那个胖 저 사람 저 뚱뚱한 것 봐라
往床上一躺 침대에 단번에 드러눕다
吃完了一散 다 먹고는 바로 헤어지다
动他个一动 그를 한 차례 건드리다
试上他一试 그를 한 차례 시험하다

(沈家煊 2016)

어떤 학자는 '匹', '条', '枝'와 같이 명사만을 세는 명량사는 동사를 수식할 수 없으므로, 동사에 대해 명사처럼 수량사의 수식을 받는다고 할 수는 없다고 하였다. 하지만 '信心(믿음)', '疑问(의문)', '仁义(인의)', '痛感(통증)'처럼 전용명량사가 없는 추상명사에 대해서는 아무도 수량사의 수식을 받는 특징을 의심하지 않는다. 그러므로 전용되는 명량사의 유무는 하나의 단어가 수량사의 수식을 받을 수 있는지 여부를 판단하는 기준이 될 수 없다.

'수량사의 수식을 받는 것'도 명사 고유의 특징이 아닌 것이다. 이로써 우리는 확실히 명사만 가지고 있고, 다른 품사는 가지지 않는 문법특징을 찾아낼 수 없음을 알 수 있다. 이는 우리가 명사에 직접 정의를 내릴 수가 없음을 의미한다.

4. 겸류(兼类) 문제

겸류(兼类)란 '하나의 단어가 여러 개의 품사특성을 가진 현상, 즉 하나의 단어가 두 개 또는 여러 개의 부류에 속하는 경우를 가리킨다. 겸류설은 '갑과 을은 분립되어 있지만, 일부 교차하는 부분이 있다'는 품사론의 바탕 위에서 성립되었는데, 교차하는 부분이 곧 겸류사이다. 겸류사는 당연히 소수이며, 그림으로 나타내면 다음과 같다.

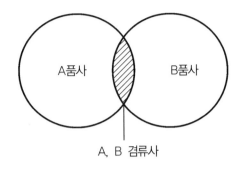

A, B 겸류사

朱德熙(1982, 1990)에 따르면, 겸류사는 주로 '学校(학교)', '邮局(우체국)'와 같은 명사 겸 처소사, '县(현)', '站(역)'과 같은 명사 겸 양사, '共同(공통)', '自动(자동)'과 같은 구별사(区别词)[6] 겸 부사, '委曲(억울하게 하다, 구불구불하다)', '端正(단정하게 하다, 단정하다)'와 같은 동사 겸 형용사, '在(있다, -에서)', '到(도착하다, -까지)'와 같은 동사 겸 개사, '跟(-에게, -와)', '和(-에게, -와)'와 같은 개사 겸 접속사, '调查(조사(하다))', '研究(연구(하다))'와 같은 동사 겸 명사, 즉 동명사(动名词)를 포함한다. 전통문법연구에서 겸류사에 대한 연구는 주로 겸류의 존재를 인정하면서 단어의 동일성을 어떻게 확정할 것인가, 겸류사의 문법기능에 대한 기준을 어떻게 판단하고 겸류사의 수량을 어떻게 통제할 것인가 등의 문제를 토론하는 것이었다(徐枢 1991, 陆俭明 1994, 胡明扬 1996). 근래에 와서는 심도 있는 연구가 진행되면서 '겸류'설이 가져온 이론상의 자기모순 등의 문제가 점차 드러나고 있다.(陈小荷 1999, 宋柔 2009, 周韧 2015, 沈家煊 2016 등).

첫째, 겸류설이 가져온 논리상의 오류이다. 구별사와 부사의 겸류를 예로 들어 설명해 보자. 朱德熙(1982 : 55-56)는 구별사는 "명사나 조사 '的'의

---

6) 역자주 : 사물의 특징, 속성, 분류를 나타내고, 명사 또는 명사구를 수식하는데, 술어는 될 수 없다. 속성이 서로 대립되며, 흔히 짝을 이루거나 组(조)를 이루는 경우도 있다. 예를 들면, '男:女(남:여)', '雌:雄(암컷:수컷)', '单:双(홑:쌍)', '西式:中式(양식:중식)', '阴性:阳性(음성:양성)' 등과 같은 것이다.

앞에만 출현할 수 있는 교착사(黏着词)"이고, 부사는 "부사어로만 사용되는 허사"라고 주장했다. 두 개의 정의에는 모두 '只(단지·만)'자가 있어 구별사와 부사가 가리키는 부분이 상호 배타적이어서 공통되는 부분이 있을 수 없기 때문에, 구별사와 부사가 겸류할 수 있다는 주장에는 논리상의 오류가 발생하게 된다.(陈小荷 1999, 宋柔 2009) 沈家煊(2016)은 한발 더 나아가 구별사의 정의에 따르면, 하나의 단어가 구별사라면 동시에 다른 품사일 수가 없기 때문에, 구별사는 부사뿐 아니라 기타 어떠한 품사와도 겸류할 수 없다고 지적하였다.

둘째, 겸류설이 초래한 이론상의 자기모순과 체계의 전후 불일치이다. 중국어 품사와 문장성분의 사이에는 단순한 일대일 대응관계가 존재하지 않는데, 이것은 중국어 품사의 특징이면서 또 중국어 '전체와 관련된' 특징이기도 하다(朱德熙 1985a : 4). 이것은 중국어 문법연구에 있어서 朱德熙의 중대한 발견이자 중요한 공헌이다. 그렇지만 겸류사의 본질은 하나의 단어가 문장 속에서의 문법 위치에 따라 그것을 두 가지 품사에 속한다고 판정하는 것인데, 이는 바로 朱德熙가 반대한 '문장에 근거하여 품사를 판별하는 것(依句辨品)'으로 회귀한 것이다. 周韧(2014)은 "품사와 문장성분 간에 일대일 대응관계가 없음을 견지하는 이상, 중국어 품사분류에서 사실상 겸류사는 출현할 수 없는 것이다"라고 주장하였다. 또한 朱德熙(1980)는 "품사는 단어를 개괄하기 위한 분류이지, 개별 단어에 대한 직접적인 분류는 아니다"라고 명확히 지적하였다. 그렇지만, 겸류사라는 품사를 설정한 것은 공교롭게도 오히려 개별 단어에 근거하여 분류한 품사 처리 방식으로, 朱德熙의 일관된 생각과는 모순된다. 예를 들면, 관형어로 쓰인 '高速(고속의(高速列车(고속열차)))'와 부사어로 쓰인 '高速(고속으로(高速前进(고속으로 전진하다)))'는 분명히 두 용법을 개괄하는 하나의 품사로 귀납시켜야 함에도, 朱德熙는 오히려 이를 구별사 겸 부사로 간주하였다(朱德熙

1985a).

셋째, 겸류사의 범위 확정이 어렵다는 것이다. 동명사를 예로 들면, 朱德熙(1982, 1985a, 1985c)는 모두 다섯 개의 기준을 제시하였는데, (본 책 제4장 1절 3. '명동사 문제(名动词问题)'에서 자세하게 언급하였다) 모든 기준을 충족시킨다면 범위가 너무 작고, 하나의 기준만을 만족시킨다면 명동사의 범위는 또 너무 크다. 만약 여기에 형식동사[7])간의 차이까지 더한다면, (예를 들면, '*进行放行(통과를 허가하다)/给予放行(통과시켜 주다)', '加以支持(지지하다)/*作支持(지지하다)'와 같은 것이다) 명동사의 판별기준은 더욱 파악하기 어렵게 되고, 범위 역시 더욱 확정짓기 어려울 것이다.

어떤 사람은 연속체(连续体, continuum)[8])의 관점을 사용하여 동사와 명사간의 차이를 설명하려고 시도하였다. 체계 기능언어학(system-functional linguistics)[9])의 관점에 따르면, 명사와 동사 사이는 하나의 연속체로 동사성(动性)이나 명사성(名性)에는 강약의 차이만 있을 뿐이라고 하였다. 예를 들어 Quirk(1920 - 2017)[10])의 『Grammer of Contemporary English』(Quirk등 저. 1985: 1290-1292)에서는 영어 'V-ing형식'의 명사성과 동사성 강약의 연속체를 고찰하면서 painting이라는 단어에 대해 명사성이 가장 강한 경우에서부터 가장 약한 경우까지 14개 용례를 차례대로 나열하였다. 沈家煊(1999a : 제10

---

7) 역자주 : '进行', '加以', '作'와 같이 그 자체는 실질적인 의미를 가지고 있지 않으면서, 동사나 명사 또는 동사나 명사를 중심어로 하는 수식구조를 목적어로 삼을 수 있는 동사를 말한다. 1.这个问题马上就要**进行**研究。(이 문제는 곧 연구될 것이다.) 2.对不正之风必须**加以**坚决的反对。(바르지 못한 풍조에 대해서는 단호한 반대를 한다.) 3.对他们已经作了**严肃**的处理。(그들에 대해서는 이미 엄중한 처리를 하였다.)

8) 역자주 : 연속체(continuum)란 물체를 더 작은 요소로 무한히 나누어도 그 각각의 요소가 전체로서의 물질의 성질을 그대로 유지하는 물질을 뜻한다. 『위키백과』

9) 역자주 : 영국의 저명한 언어학자 Halliday가 수립한 언어학이론. 이 이론은 언어의 성질과 언어의 발전 과정, 언어의 공통적인 특징 등 근본적인 문제에 대한 연구뿐만 아니라 언어학의 응용문제까지 연구하는 학문 분야이다.

10) 역자주 : 영국의 언어학자. 런던대학교 교수 역임. 주요 저작으로 『An Old English Grammar』(공저), 『A comprehensive grammar of the English language』(공저) 등이 있다.

장)은 이것으로써 품사와 문장성분 사이에는 보편적으로 '상대적인 관련 유표성 모델(相对关联标记模式)'이 존재한다는 것을 증명하였다. 그 후, 王冬梅(2010 : 제5장)는 이를 사용하여 동사와 목적어 사이에도 보편적으로 서술과 지칭성의 공변규칙[11]('명동공변(名动共变)'규칙이라고도 함)이 존재함을 증명하였다. 이들 방법이 그 나름대로 가치가 있지만, 그래도 품사범주의 이산관(离散观)을 완전히 대체하기는 어렵다. 또 동사의 명사성 강약은 명확하게 나눌 수도 없으며, 완전히 나누어지지도 않는다. 품사는 연속성과 함께 이산성의 일면도 지닌다. 하나의 동사가 주어나 목적어가 된 것을 두고, 이를 동사의 속성이 명사로 변했다고 볼 것인가 아니면 여전히 동사로 볼 것인가? 또 동사의 60%는 명사로 변하였지만 40%는 동사성이 그대로 남아있다고 하거나, 역으로 40%는 명사로 변하였지만 그래도 60%는 동사성이 그대로 남아있다고 할 수는 없지 않는가? 따라서 연속체 개념으로는 문제를 완전히 해결할 수가 없다.

5. 신형 '3단계 시스템(三层制)'에 관하여

전통적인 품사연구의 문제점은 이론상의 자기모순 이외에도 지나치게 복잡하다는 것도 있는데, 품사 구분에 관한 신형 3단계가 바로 이에 속한다. 예전의 구형 3단계란, Otto Jespersen(1860-1943)[12]이 제기한 '삼위계론

---

11) 역자주 : 어떤 현상에 변화가 생김에 따라서 곧 다른 현상에도 변화가 생기면, 앞의 현상은 뒤 현상의 원인이고, 뒤 현상은 앞 현상의 결과로 볼 수 있다는 연구 방법. 예를 들어, 온도에 변화가 생길 때 물체의 부피도 변화하므로 온도의 변화와 물체 부피 변화는 인과 관계로 판단할 수 있다는 것과 같은 것을 말한다.

12) 역자주 : 덴마크의 언어학자, 영문법의 선구적인 권위자. 코펜하겐대학교 교수 역임. 유럽의 언어교수법에 혁신을 일으키고 음성학, 언어학 이론, 영어사 진보에 크게 기여하였다. 특히, 보통 언어학과 문법학에 대한 공헌이 지대하다. 그의 이론은 L.Bloomfield, N. Chomsky, M. Halliday 등의 언어학 대가들에게 많은 영향을 미쳤다. 주요 저서로는 『Language : Its Nature, Development, and Origin』, 『The Philosophy of Grammar』, 『A Modern English

(The three ranks, 词品说)[13]', 즉 품사와 문장성분을 대응시키기 위하여 품사와 문장성분의 사이에 '사품(词品, 단어등급)'이라는 단계를 하나 더 추가하는 것을 가리킨다. 그 결과, 단어의 품사가 통사 단계에 이르러서는 오히려 더욱 복잡해져서 문제 해결이 불가능하게 되었다. 문제는 해결하지 못한 채 분석단계만 하나 더 늘었으니, 이는 지나친 단계 생성에 해당하는 것으로 간결성 원칙에도 위배된다.

신형 3단계 시스템에 동의한 연구자는 石定栩와 郭锐로 대표된다. 石定栩(2011 : 4-10)는 "품사를 구분하는 기준은 의미여야 한다"라고 하면서, 문장이 실사에 일종의 외재적 성질, 즉 통사기능을 부여한다고 주장하였다. 이것은 사실상 품사를 어휘의 단계와 통사기능의 단계로 구분함으로써, 어휘 단계의 품사—통사기능 단계의 품사—문장성분이라는 3단계 시스템을 건립하는 것이다. 郭锐(2002 : 89-90)도 단어가 "사전에 명기할 필요가 있는 어휘 단계의 품사도 있고", 또 "통사 단계의 품사"도 있다고 보아, 역시 3단계 시스템을 건립하였다. 郭锐는 품사는 의미에 근거하는 것이 아니라 단어의 표현기능(지칭이나 진술 등)에 근거하는 것이라고 여겨, 내재적 서술기능과 외재적 서술기능으로 나누었다. 이것은 石定栩와는 다른 점이다. 내재적 서술기능은 어휘 단계의 품사를 말하고, 외재적 서술

Grammar)』, 『Essentials of English Grammar』 등이 있다.
13) 역자주 : 단어를 세 개의 등급으로 나눈 이론. 이 이론은 Jespersen이 자신의 저서 『A Modern English Grammar』에서 처음 제기한 것이다. 그는 일정한 구문구조 안에서 단어와 단어의 상호관계에 제한을 받거나 제한을 하는 차이(즉, 문장 구성을 하는 데 있어 담당하는 역할의 차이)에 근거하여 단어의 등급(ranks)을 나누고, 이를 삼위계론(The three ranks)이라 칭하였는데, 보통 3개의 등급, 즉 1위어(primary, 首品), 2위어(secondary, 次品), 3위어(tertiary, 末品)로 나눈다. 예를 들어, 'extremely hot weather'(매우 더운 날씨)라는 구문이 있다면, 그 가운데 'weather'는 가장 중요한 개념이므로 1위어이고, 'hot'은 'weather'를 제한하는 단어이므로 2위어이며, 'extremely'는 'hot'를 제한하는 것이므로 3위어라는 것이다. 일부 학자들이 중국어 연구에도 도입하였는데, 예를 들면, '高飞之鸟(높이 나는 새)'와 '鸟高飞(새가 높이 난다)'라는 구조에서 명사 '鸟'는 1위어이고, 동사 '飞'는 2위어 , 형용사 '高'는 3위어라는 것이다.

기능은 통사 단계의 품사를 말하며, 서술기능의 전환은 곧 품사의 전환을 말한다. '这本书的出版(이 책의 출판)'을 예로 들면, '出版'이 어휘영역에서는 동사성의 단어이므로 내재적 서술기능이 진술성이지만, 통사영역에서는 명사성으로 바뀐다. 이는 진술성에서 외재적 지칭성으로 기능이 전환된 것이다. 또 '小王黄头发(왕군은 노랑머리)'속의 '黄头发(노랑머리)'는 '지칭의 진술화', 즉 명사성에서 동사성으로 전환된 것이다.

呂叔湘(1979:32)은 오래 전에 이미 단어 자체의 특징에 대해 분류의 가치와 필요가 있다고 하였다. 하지만 이는 형태가 발달한 언어에는 적합할 수 있어도, 중국어에는 적합하지가 않다. 왜냐하면 '단어 자체의 특징'은 사실상 형태변화를 가리키는데, 중국어 단어는 형태변화가 없기 때문이다. 인위적으로 어휘영역과 문장영역의 품사로 나누는 것은 간결성 원칙에 위배된다.

의미를 근거로 하여 품사를 판단하는 것에 대해, 朱德熙는 일찌감치 불가능한 것이라고 지적하였다(朱德熙등 1961, 朱德熙 1985a : 10). 石定栩의 책에서는 의미가 품사를 결정할 때부터 단어가 출현하는 구체적인 문장에 근거해야 한다고 하였다. '战争(전쟁)'과 '战斗(전투)'의 차이를 예로 들면, '战争'이라는 단어는 의미상으로 명사일 수밖에 없는데, 이는 "구체적인 문장에 넣어보면" 분명 동작이 아닌 사건을 묘사하는 데 사용된다는 것을 알 수 있기 때문이다.(2011:6) 따라서 어휘영역의 품사와 문장 기능 영역의 품사는 분리가 불가능하다. 인위적으로 두 개의 영역으로 분할하는 것은 불가능하며, 이는 또 간결성 원칙에도 위배된다. 앞에서 설명하였듯이, 郭锐의 저서에서도 내재적 서술기능과 외재적 서술기능을 각각 어휘영역의 품사와 통사영역의 품사에 대응시키고, 서술기능의 전환을 품사의 전환이라고 하였다. 동일한 대상을 가리키는 데 두 가지 명목을 사용한 이 방법 역시 간결성 원칙에 위배된다.

구체적인 어휘에 대한 분석에 있어 신형 3단계 시스템은 매우 복잡하다. 石定栩의 책에서는 두 단계의 품사를 구분한 다음, 주어·목적어가 되는 동사에 대해 세 개의 형식으로 나누었다(2011:45). 예를 들면, '泅渡(헤엄쳐 건너다)'라는 단어가 '我们不打算泅渡(우리는 헤엄쳐 건너지 않을 작정이다)'라는 문장 속에서는 여전히 동사지만, '我们不熟悉泅渡(우리는 헤엄쳐 건너는 것에 익숙하지 않다)'라는 문장 속에서는 이미 명사로 변하였다. 또 '我们不赞成泅渡(우리는 헤엄쳐 건너는 것을 찬성하지 않는다)'에서는 단지 의미적으로만 '명물화(名物化)'가 발생하였을 뿐 통사적으로는 아직 명사화되지 않았다. 이렇게 세 가지 형식으로 나눈 근거는 목적어에 대해서 '打算(-할 예정이다)', '熟悉(익숙하다)', '赞成(찬성하다)'의 지배 정도가 각각 다르기 때문이다. 그러나 동사의 명사성(名性) 강약은 명확히 나눌 수도 없고, 끝까지 나누는 것도 불가능하기 때문에, 이렇게 나누다가는 끝이 없을 것이다. 郭锐는 '出版'과 같은 명동 겸류사는 어휘영역에서 동사(这本书的出版(이 책의 출판))와 명사(图书出版(도서 출판))의 두 가지 품사를 가지는데, 전자는 어휘영역에서 통사영역으로 진입할 때 동사에서 명사로 전환되지만, 후자는 어휘영역에서 이미 동사에서 명사로의 전환이 발생했다고 하였다. 전자의 품사전환은 문법화이고, 후자의 품사전환은 어휘화이므로(2002:101), 이는 품사전환에 또 한 단계의 구분을 추가한 셈이 된다. 그 결과, 혼란과 번거로움을 초래하였다. 예를 들어, '版权保护和特别保护(저작권 보호와 특별 보호)'와 같은 병렬구조에 대해서는 앞의 '保护'는 명사이고 뒤의 '保护'는 동사이며, 각각 어휘영역과 통사영역의 명사화를 거쳤다고 말해야 한다. 또 '图书的出版与不出版(도서의 출판여부)'에 대해서, 만약 앞의 '出版'을 통사영역의 명사화라고 말할 수 있다면, 이와 병렬한 뒤의 '出版'(부사의 수식을 받음)은 통사영역의 명사화라고 할 수가 없다. 그 외 '拖延式不出版(지연시키는 식으로 출판하지 않다)'과 '给他来一个不出版(그에게 한차례 출판을 해주지 않다'은 또 어떻게 '不出版'을 어휘영역에서 명사화시킬 것인가?

요컨대, 신형 3단계 시스템과 구형 3단계 시스템은 본질적인 차이가 없이 모두 품사와 문장성분 사이에 분석단계를 하나 더 늘린 것이고, 품사도 문법 위치에 따라 일정하지가 않다. 이는 문제도 해결하지 못하고, 또 간결성 원칙에도 위배된다.

신형 3단계 시스템은 사품설보다 더욱 복잡하고, 구분이 필요한 부분에서는 오히려 사품설이 구분하는 것처럼 구분하지도 않았다.(沈家煊, 2016) '삼위계론'(Jespersen, 1924:62)은 품사전환에 대해 설명할 때, 동사가 주어·목적어로 사용되는 것은 2등급 품사에서 1등급 품사로 등급이 전환되었지만, 명사가 서술어로 사용되는 것은 1등급 품사에서 2등급 품사로의 등급 전환이 아니라 확실한 동사로 바뀌는 것이라고 하였다. 이것은 중요한 구분으로, 朱德熙는 이 구분을 매우 중시하여 동사는 주어·목적어가 될 수 있지만, 명사는 일반적으로 서술어가 될 수 없다고 말하였다. 명사와 동사의 이러한 비대칭은 영어와 중국어에 모두 존재하지만, 신형 3단계 시스템에서는 이를 구분하지 않았다.

제2절 응용상의 어려움

1. 전산언어학 분야14)

전산언어학의 가장 중요한 임무는 바로 자연언어의 통사, 의미에 대한 컴퓨터 분석을 통해 정보 검색과 정보 추출, 문답시스템, 기계번역, 지식의 발견과 관리 등의 영역에서 실제적인 응용이 이루어질 수 있게 하는 것이다.(黃昌宁 · 李玉梅 2009) 연구의 진전에 따라, 컴퓨터가 사람처럼 많은 내포된 지식을 가지고 있지 않으며, 많은 자동 통사분석 시스템 안에서는 품사에 관한 지식이 중요하고, 심지어는 이것이 유일한 지식원이라는 공통된 인식이 형성되고 있다.(陈小荷 1999) 그러므로 품사표기는 컴퓨터언어학이 가장 먼저 해결해야 할 문제이다. 그런데 동명 겸류사의 표기문제를 놓고 줄곧 논쟁이 컸었는데, 예를 들면 '哭没用(울어도 소용없다)'에서 '哭(울다)'와 같은 경우를 명사로 표기해야 할지 동사로 표기해야 할지 사람들의 의견이 다른 것이 이에 해당된다.

어떤 사람은 동사 · 명사가 주어 · 목적어 자리에 놓이든 서술어 자리에 놓이든, 모두 다 V(동사)와 N(명사)으로 표기하여야 한다고 주장한다.(朱德熙 1985a, 郭锐 2000, 2002) 반면, 어떤 이는 목적어 자리에서는 V나 N으로 표기하고, 서술어 자리에서는 V로 표기해야 한다고 주장한다.(俞士汶 등 2003) 하지만 위에서 언급한 바와 같이, V나 N의 범위는 확정하기가 어렵고, 학자마다 판정하는 기준도 제각각이다. 이는 품사표기를 할 때 실용성을

---

14) 역자주 : 전산 처리의 관점에서 언어 모델링을 목적으로 하는 언어학과 전산학의 통합 학문적 성격을 지닌 언어학의 하위 분야. 전산언어학은 컴퓨터를 이용하여 언어를 자동 분석하며, 언어 자료를 자동 처리하는 데에서 나타나는 언어학적 문제를 연구하는 학문이다. 음성 인식, 음성 합성, 기계 번역, 정보 검색, 자동 대화 시스템 구축 등 자연 언어의 전산적 처리와 관련된 여러 과제들을 다룬다. [네이버 지식백과] 『전산언어학 (Computational Linguistics, 电算言语学』(한국민족문화대백과, 한국학중앙연구원)

떨어뜨리고, 표기 결과에도 차이를 초래한다. 또한 주어·목적어 자리와 서술어 자리의 단어에 모두 V나 N으로 표기하는 것은 사실상 "동사와 명사 각각의 문법특징을 말살하고, '품사와 품사의 성질 사이에 일대일 대응'이라는 장점을 잃어버리게 하였으며, '통사규칙의 간결성'이라는 요구도 충족시키지 못하게 되었다.(黃昌宁·李玉梅 2009)

　黃昌宁·李玉梅(2009)의 관점은, '的'를 대동하지 않는 관형어 수식구조의 중심어는 명사의 전형적인 위치이므로, 'n+x', 'a+x', 'v+x' 등의 수식구조에서 x의 위치에 있는 단어의 품사는 N으로 표기해야 하고, 술어는 동사의 전형적인 위치이므로 술어 위치에 있는 단어는 V로 표기해야 한다는 것이다. 이러한 방식은 실용적이면서 간결성 원칙에도 부합하지만, 이번에는 이론적으로 '확장규칙'을 위반함으로써 문법체계의 자기모순을 초래하고 말았다. 그리고 또 詹卫东(2013)이 언급한 대로, '经过认真调查(성실한 조사를 거치다)'에서 '调查(조사)'를 N으로 표기한다면, '经过反复调试(반복적인 성능시험을 거치다)', '经过持续观测(지속적인 관측을 거치다)', '经过激烈搏斗(격렬한 싸움을 거치다)'의 '反复调试(반복적인 성능시험)', '持续观测(지속적인 관측)', '激烈搏斗(격렬한 싸움)'는 '认真调查(성실한 조사)'와 분포가 같으므로, 그 중심성분 '调试', '观测', '搏斗'도 N으로 표기해야 한다. 따라서 '经过调试(조사를 거치다)', '经过观测(관측을 거치다)', '经过搏斗(싸움을 거치다)'의 '观测', '调试', '搏斗'도 역시 N으로 표기해야 한다고 유추할 수 있다. 또 한 발 더 나아가 '哭没用(울어도 소용없다)', '这本书的出版(이 책의 출판)', '他的笑(그의 웃음)'의 '哭', '出版', '笑'도 모두 N으로 표기해야 한다는 유추도 가능해진다. 이렇게 되면 이론적으로 모든 동사가 명사를 겸하는 것이 되는데, 이는 "겸류하는 단어는 소수일 뿐(兼类的词只能是少数)"이라는 원칙에 부합하지 않으며, (朱德熙 1982:39) 결국 "단어에 정해진 품사가 없다(词无定类)"는 결과를 초래하고 만다.

컴퓨터가 자연언어에 대해 통사적인 분석을 하기 위해서는 품사표기와
관련되는 엄밀하고 완비된 품사지식이 필요하다. 유감스러운 것은, 지금
현재 중국어 품사지식(품사체계와 각 품사에 대한 문법기능 등을 포함)은 엉성하
고 완비되지 않아서 자동 품사 분석을 뒷받침하지 못하는 실정이다. 이에
대해 陳小荷(1999)는 전통적 품사관을 버리고, 문장성분을 충당하는 기능
만을 근거로 실사(부사 포함)에 대해 분류를 하자고 주장하였다. 구체적인
방법은 통사구조 목록을 작성하여 문장성분의 종류를 확정한 다음, 모든
실사를 대상으로 이들이 목록상의 어떤 문장성분을 충당할 수 있는지를
조사하는 것이다. 陳小荷가 실사를 분류하기 위해 작성한 통사구조 목록
에는 모두 8가지 통사구조와 13가지 문장성분이 명시되어 있다.

통사구조	직접성분$_1$	직접성분$_2$
주술구조	주어	서술어
술목구조	술어$_1$	목적어
술보구조	술어$_2$	보어$_1$
술어 "得"보어 구조	술어$_2$	보어$_2$
관형어중심어 구조	관형어$_1$	중심어$_1$
관형어'的'중심어 구조	관형어$_2$	중심어$_1$
부사어중심어 구조	부사어$_1$	중심어$_2$
부사어"地"중심어 구조	부사어$_2$	중심어$_2$

하나의 단어가 주어가 될 수 있다고 말하는 것은 주술구조에서 제1직
접성분이 될 수 있다고 말하는 것과 같고, 목적어가 될 수 있다고 말하는
것은 그것이 술목구조에서 제2직접성분이 될 수 있다고 말하는 것과 같
다. 이렇듯 통사구조가 실사분류를 위한 테스트 환경이 됨으로써, 통사구
조를 통해 품사를 확정할 수 있게 된다. 이 목록상의 통사구조로 실사를

분류하면, 최대 2^{13}=8,192종의 품사로 나뉘는데, 이는 품사분류가 문법을 편리하게 설명하기 위한 것이라는 원래의 취지에 위배되고 실용적이지도 않다. 따라서 전산언어학에서도 관련 문제를 해결하기 위한 새로운 품사 연구 성과를 필요로 한다.

2. 교육분야

중국 학생들이 영어를 공부하는 과정에서 다발적이고 반복적이며 체계적인 오류들이 나타났다. 沈家煊(2017f)은 이들 오류를 품사 오용, 관사 누락, 형태변화 누락, be동사의 과잉 생성, 부정어의 오용과 잘못된 이해 등으로 분류하였다. 품사의 오용은 명사·동사의 오용, 명사·형용사의 오용, 형용사·부사의 오용 3개 부분에 집중되었다. 예를 들면 다음과 같다.

  ① 명사가 동사로 오용된 경우
     You will *failure*.
     너는 실패할 것이다.
  ② 동사가 명사로 오용된 경우
     …it will lead to *succeed* easily.
     …그것은 쉽게 성공으로 이어질 것이다.
  ③ 명사가 형용사로 오용된 경우
     They are beautiful, elegant and *wealth*.
     그들은 아름답고, 우아하고 부유하다.
  ④ 형용사가 명사로 오용된 경우
     fighting against their *hungry*…
     그들의 배고픔과 싸우는 것…
  ⑤ 형용사가 부사로 오용된 경우
     …so the students must do as *good* as they can.
     …그래서 학생들은 최선을 다해야 한다.

⑥ 부사가 형용사로 오용된 경우

···newspaper is the most **simply** and efficient way.

···신문은 가장 간단하고 효율적인 방법이다.

관사(부정관사 a와 정관사 the)가 누락된 경우의 예는 다음과 같다.

I imput the data into ☐ computer and ran the SPSS to analyze it.

컴퓨터에 데이터를 삽입하고, SPSS를 실행하여 분석하였다.

Chapter 4 will answer ☐ research questions raised in ☐ methodology chapter.

제4장에서는 ☐ 방법론 장에서 제기된 ☐ 연구 질문에 답한다.

형태변화를 누락한 것은 주로 동사와 관련된다.

He **tell** me yesterday. 그는 어제 나에게 말했다.

또한 V-ing 형식을 사용해야 할 곳에 동사원형을 사용하거나 V-ing 형식을 과도하게 사용한 경우도 있다.

He can devote himself to **study** and to work

그는 공부와 일에 전념할 수 있다.

Some people like to **taking** to a kind of job.

어떤 사람들은 일종의 직업을 갖는 것을 좋아한다.

be를 과도하게 생성한 경우도 있다.

···who **are** *come from* UN and UK.

···그들은 UN과 영국에서 왔다.

It *is* means that our family will be under big pressure of lives.
이것은 우리 가족이 아주 큰 생존압박을 받게 될 것임을 의미한다.
He *was* arrived early.
그는 일찍 도착하였다.

부정어의 오용은 주로 no를 사용해야 할 곳에 not을 잘못 사용한 경우이다.

He has *not a* brother.
그에게는 형제가 없다.

이들 오류의 반복적인 출현은 중국어와 영어의 품사체계에 큰 차이가 있음을 알려준다. 언어교육에 새로운 품사연구 성과를 반영함으로써 학생들의 실수를 줄이고 영어를 정확하게 배울 수 있도록 도울 필요가 있다.

3. 품사이론의 쇄신을 요구하는 실험 연구

대뇌반응실험, 아동의 언어습득 실험 등 새로운 실험에 직면하면서, 기존의 품사연구 성과는 합리적인 설명을 제공하기 어렵게 되었는데, 이 역시 품사이론의 쇄신을 요구하고 있다. 沈家煊·乐耀(2013), 乐耀(2017)는 이에 대해 연구를 진행하였다.

기존의 신경심리학 연구에서 영어와 기타 인도유럽어에서 명사와 동사는 대뇌 피층에서 반응하는 구역이 서로 다르다. 동사는 대뇌의 앞부분이 반응하고, 명사는 뒷부분이 반응하는 것으로 밝혀졌다. 또한 뇌영상 실험과 실어증의 연구결과도 이와 일치한다. Li등(2004)은 중국어 품사에 대한 핵자기공명 뇌영상 실험에서 두 가지 결과를 얻었다고 보고하였다. 하나는 중국어 명사와 동사가 활성화된 구역은 모두 대뇌의 앞부분과 뒷부분에 분산되어 있다는 것이고, 또 하나는 미상핵(caudate nucleus)만이 유일하게 동사와 명사가 차이를 보이는 부위이며, 명사의 활성화가 동사보다 강하다는 것이다. 기존의 연구에서는 사람이 인지와 언어 임무를 수행할 때, 미상핵과 이마 부분이 유사한 작용을 한다고 밝혔었다. 위의 실험 결과는 Chan등(2008)과 Yang등(2011)의 두 가지 실험 연구에서 한층 더 입증되었다. 전통적인 명동분립의 품사체계에서는 명사와 동사가 활성화되는 대뇌의 구역에 있어 중국어와 인도유럽어의 차이를 설명할 방법이 없었다.

또 다른 예를 들면, Haryu등(2005)과 Imai등(2008)은 심리언어학의 실험 연구(실험A)를 보도하였는데, 이 실험은 아동이 명사와 동사를 습득할 때의 차이를 고찰하였다. 실험에서 채택한 것은 '매칭(matching)법'인데, 피실험 아동들에게 새로운 단어를 제시하고 이를 사물이나 동작과 연결하도록 요구하였다. 실험 결과, 영어, 일본어, 중국어의 세 언어를 사용하는 아동은 모두 3세 때 이미 새로운 명사를 새로운 사물과 연결할 수 있었다. 하지만 영어를 사용하는 5세의 아동과 일어를 사용하는 5세의 아동은 모두 새로운 동사를 새로운 동작과 연계시킬 수 있는데 반해, 중국어를 사용하는 5세의 아동은 이를 해내지 못했다. 그들은 5세가 되었어도 아직 새로운 동사를 새로운 사물에 연결시키려는 경향을 보였다.

이 결과에 대한 해석은 다음과 같다. 사물의 개념을 습득하는 것이 동작의 개념을 습득하는 것보다 쉽기 때문에, 아이들이 명사와 동사를 익힐 때 '명사 편향(noun bias)'을 보인다. 즉, 새로운 단어를 만났을 때, 그것이 명사가 아니라 동사라는 확실한 반대의 단서를 가지고 있지 않는 한, 아동은 먼저 무의식적으로 그것을 명사로 받아들이고, 새로운 사물과 연결시킨다는 것이다. 영어와 일본어에 비해, 중국어에는 하나의 단어를 동사로 판정하는 데 사용되는 단서가 부족하기 때문에 중국어를 하는 아동은 동사를 늦게 배우게 된다.

그러나 Chan등(2011)(실험B)은 실험A에 대한 연구를 진행한 결과, 오히려 반대의 결론을 얻었다. 이 실험 역시 매칭법을 이용하여 영어와 중국어를 구사하는 유아가 새로운 단어를 만났을 때, 이를 물체와 연결시키는가 아니면 동작과 연결시키는가를 관찰하였다. 실험A와 다른 것은, 먼저 영상과 음성의 대응을 통해 유아에게 명사와 동사의 차이를 알게 하는 습관화(habituation)단계와 실험단계의 두 단계로 나누어 실험을 진행하였다는 것이다. 그 결과, 영어를 하는 유아는 18개월 때 새 단어를 동작이나 물체에 연결시켰지만, 14개월 때는 둘 다 완성하지 못하였다. 반면, 중국어를 하는 유아는 14개월과 18개월 때 모두 새 단어와 동작을 연결시킬 수는 있었지만, 새 단어를 물체와 연결시키지는 못하였다. 이는 중국어를 하는 유아는 영어를 하는 유아보다 동사 습득이 이르다는 것을 나타낸다. 실험자들은 이를 통해 영어를 하는 유아의 어휘습득은 명사 편향적이지만, 중국어를 하는 유아의 경우는 동사 편향적이라고 보았다. 이 두 가지 모순되는 실험 결과는 기존의 품사연구 성과로는 설명이 불가능한 것이다.

요컨대, 기존의 문법체계에서 품사연구는 이론에서 응용에 이르기까지 모두 해결이 불가능한 일련의 모순과 문제들이 계속 존재하고 있었다. 그리고 연구가 날로 치밀해지고 깊이를 더해가면서 문제점들은 줄어들지 않고 오히려 더욱 부각되었다. 이것은 본래의 사고 패턴의 족쇄에서 벗어나 완전히 새로운 각도에서 중국어품사 문제를 살펴보아야 함을 우리에게 시사한다.

명동 포함(名动包含)설

'명동포함(名动包含)'설

沈家煊은 2007년부터 일련의 글을 발표하여, 중국어 연구에 있어서의 많은 모순은 모두 명사와 동사 관계에 대한 인식의 차이에서 야기된 것임을 논증하였다. 구체적으로 말하면, 인도유럽어의 명사와 동사는 '분립관계'여서 형태부터 통사적 분포에 이르기까지 명사와 동사는 확연히 다른 두 종류로, 서로 독립하면서도 일부 겹치는 부분이 있다. 그러나 중국어에서는 문법이 학문적 지위가 확립된 초기부터 인도유럽어의 영향을 받아 '명사와 동사의 분립(名动分立)'을 암묵적으로 인정하고, 이를 당연한 것으로 간주함으로써 이론과 응용상의 여러 가지 문제점과 모순이 야기되었다. 사실 중국어 명사와 동사의 관계는 인도유럽어와 완전히 다른, '명사가 동사를 포함하는(名动包含)' 구조이다. 이러한 명동포함 구조의 주요관점과 논증과정은 沈家煊의『名词和动词』(2016)에 집중적으로 서술되어 있다. 이 책에서는 주로 이를 근거로 품사문제를 소개하고자 하며, 인용할 때는 더 이상 일일이 열거하지 않기로 한다.

제1절 '명동포함'설의 함의

'명사가 동사를 포함한다'는 것은 중국어에서 명사와 동사가 포함관계임을 말한다. 이때 명사는 '대명사(大名词, super-noun category)'로, 동사를 포

함한다. 동사는 명사의 한 부류로, '동태명사'라고도 부른다. 즉 모든 동
사는 명사지만, 명사가 모두 동사인 것은 아니라는 것이다. '명동분립'과
'명동포함'의 두 가지 다른 품사구조는 아래와 같이 나타낼 수 있다.

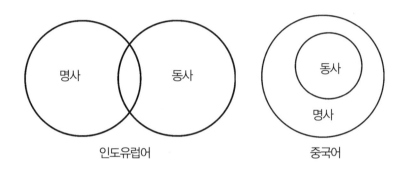

인도유럽어   중국어

　인도유럽어는 '명사와 동사가 분립하는' 구조로, 명사는 명사이고 동사
는 동사이다. 명사와 동사의 관계는 '남자'와 '여자'의 관계와 같다. 남자
이면 여자가 아니고, 여자이면 남자가 아니다. 교차하는 것은 명동겸류의
일부분뿐이다. 한편, 중국어는 '명사가 동사를 포함하는' 구조로, 명사와
동사의 관계는 영어 man(사람/남자)과 woman(여자)의 관계와 유사하다.
woman은 man이기도 하지만, man이 모두 woman인 것은 아니다. 또 이는
중국어 '护士(간호사)'와 '男护士(남자간호사)'의 관계와 유사하다. 남자 간호
사는 모두 간호사이지만, 간호사가 모두 남자는 아니다. 중국어에는 사실
명동겸류란 것이 존재하지 않는데, 그 이유는 모든 동사는 명사에 속하기
때문이다.

제2절 '명동포함'의 실체

명사가 동사를 포함한다는 것의 실체는 '지술포함(指述包含)', 즉 지칭(指稱)이 서술(述谓)을 포함함을 가리킨다. 지칭과 서술은 언어의 가장 기본적인 표현 기능이자 언어학의 초기 개념이기도 하다. 언어 유형학자들은 서로 다른 언어의 품사를 비교할 때, 대부분 지칭과 서술을 비교의 공통 토대로 삼는다. 지칭기능을 가지고 있는 것은 명사이고, 서술기능을 가지고 있는 것은 동사이다. 서술과 비교하면 지칭이 한층 더 기본적인데, 왜냐하면 하나의 활동이나 사건에 대해서는 서술과 지칭이 모두 가능하기 때문이다. 좀 더 구체적으로 말하면, 하나의 서술에 대해서는 이를 지칭하는 것도 가능한 데 반해, 하나의 지칭에 대해서는 이를 서술하는 것이 매우 어렵기 때문에, 지칭이 서술을 포함한다고 할 수 있다. 이것이 바로 지술포함이다.

지칭과 서술의 개념과 품사의 관계는 언어마다 차이가 있다. 중국어의 명사는 직접 지칭어가 되고, 동사는 직접 서술어가 된다. 반면, 인도유럽어는 지칭화 또는 서술화 과정이 별도로 필요하다. 예를 들어 설명해 보자.

a. 他开飞机。　그는 비행기를 조종한다.
　　*He fly a plane.
　　He **flies** a plane.
b. 他开飞机。　그는 비행기를 조종한다.
　　*He flies plane.
　　He flies **a plane.**
c. 开飞机容易。　비행기를 조종하는 것은 쉽다.
　　*Fly a plane is easy.
　　Flying a plane is easy.

a에서 중국어 동사 '开(조종하다)'는 문장에서 직접 술어가 될 수 있지만, 영어 fly는 문장에 들어가면 '술어화', 즉 flies로 변해야 한다는 것을 보여준다. 이러한 의미에서 말하면, 중국어의 동사는 원래 서술어(述谓语)이다. b에서 중국어 명사 '飞机(비행기)'는 문장에서 직접 지칭어가 될 수 있지만, 영어의 plane은 문장에 들어가면 지칭화, 즉 a plane, the plane(s), 혹은 planes로 변해야 한다는 것을 보여준다. 이러한 의미에서 말하면, 중국어의 명사는 원래 지칭어이다. 그리고 지칭과 서술은 포함관계인데, 이에 근거하여 명사와 동사도 포함관계라는 것을 유추할 수 있다. 예문 c의 존재가 바로 이 점을 증명하고 있다. c는 중국어의 동사는 영어처럼 fly가 flying 또는 to fly로 변하는 명사화나 명물화(名物化) 과정을 거치지 않고, 직접 명사, 곧 주어와 목적어가 될 수 있음을 나타낸다. 다시 말해 c는 중국어의 동사(述谓语)는 명사(指称语)이기도 함을 나타낸다. 이는 동사가 명사의 하위 부류로, 명사가 동사를 포함하고 있음을 보여준다. 따라서 '명사가 동사를 포함한다'는 것의 실질은 '지술포함(指述包含)'의 더 기초적인 표현이다.

요컨대, 인도유럽어의 명사와 동사는 문법범주이고, 지칭어와 서술어는 화용범주이다. 문법범주에서 화용범주까지는 실현의 과정이 있다. 그렇지만 중국어의 명사와 동사는 문법범주이면서 곧 화용범주이다. 이들은 각각 지칭어와 서술어로 구성되며, 화용범주는 문법범주를 포함한다. 이는 그림으로 보면 다음과 같다.

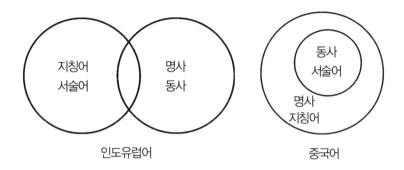

인도유럽어 문법과 화용에는 겹치는 부분(interface)이 있지만, 중국어에는 이러한 겹치는 부분이 존재하지 않는다. 문법을 언어 조직구조의 '체(体)'로 본다면, 중국어의 이런 포함구조는 '용체포함(用体包含)', 즉 '용(用)'이 '체(体)'를 포함한다고 말할 수 있다.

지칭과 진술을 가장 먼저 중국어 연구에 도입한 朱德熙(1982)는 주어·목적어를 지칭성과 진술성의 두 종류로 나눌 수 있다고 주장했다. 그렇지만 지칭과 진술이 대립되는 것은 결코 아니다. 朱德熙는 '什么(무엇)'와 '怎么样(어떻다)'을 사용하여 주어·목적어의 지칭성과 진술성을 판단할 것을 제안하였다. 동시에 또 '怎么样'은 서술성 성분만을 대체할 수 있는데 비해, '什么'는 명사성 성분과 서술성 성분을 모두 대체할 수 있다고 주장하였다. 이것이 바로 '명동포함(지칭어가 서술어를 포함)'을 지지하는 증거가 된다.

제3절 명사의 근본 성질

명사는 사물을 지칭하고, 동사는 동작을 진술하므로, 둘은 인지적으로는 비대칭이다. 구체적으로 말하면, 사물의 개념은 독립할 수 있어서, 우리는 하나의 사물을 상상하면서 동작을 전혀 연상하지 않을 수도 있다. 하지만 동작의 개념은 반드시 관련 사물에 종속되어 있으므로, 하나의 동작을 상상하면서 동시에 동작과 관련된 사물을 연상하지 않을 수가 없다. 예를 들면, '때리다(毆打)'라는 동작의 개념은 '인간(人)'이라는 사물의 개념을 떠나서 독립할 수 없지만, '인간'이라는 개념은 '때리다(毆打)'라는 개념을 완전히 벗어나 독립적으로 존재할 수 있다.(Langacker 1987:299 참조) 한편, 우리는 사물을 지칭할 수 있을 뿐만 아니라 동작도 지칭할 수 있다. 즉, 추상적인 활동도 구체적인 실체로 간주하는 것이다. 이것은 구체적인 개념으로 추상적인 개념을 은유하는 인지의 법칙에 부합하는 것으로, 흔히 볼 수 있다. 그러나 특별한 사유가 없는 한, 우리는 구체적인 실체를 추상적인 동작으로 보지는 않을 것이다. 예를 들면, '演員和走穴(배우와 부업하다)'라는 짧은 구는 명사 '演員(배우)'과 동사 '走穴(부업하다)[15]'의 병렬구조이다. 이때, '演員'과 병렬된 '走穴'도 지칭하는(하나의 동작을 지칭) 명사로 사용되었다고 말한다면 누구도 반대하지 않을 것이다. 그러나 '走穴'와 병렬된 '演員'을 가리켜 진술을 위해 쓰인 동사라고 말한다면, 동의하는 사람은 거의 없을 것이다. 그러므로 인지적 관점에서 보면, 명동 비대칭에서 명사를 기본으로 하는 것은 언어의 보편적인 성격이다. '명사는 없고, 동사만 있다'라는 것은 전설일 뿐, 이러한 언어가 실존한다는 확실한 증거는 지금까지 없다.(Luuk 2010, 沈家煊 2016에서 재인용) 이른바 '명사성 성분은 동사의 어근에 접사를 붙여 나타낸다'라고 하는 것은, 어느 특정한 어휘유형에 나타난 일종의 명동포함 구조의 표현형식에 불과할 가능성이 크다.(沈家煊 2016) 다시 말해, 명사와 동사의 관계는 본말(本末)의 관계로, 명사가 본(本)이고 동사는 말(末)이 된다.

---

15) 역자주 : 1980년대에 출현한 신조어. 국가 문예 단체 소속 연기자가 정규 공연 이외의 시간에 연예인 브로커와 연결하여 소속 부서 이외에서 출연, 돈을 버는 것을 말한다.

중국어에서는 동사 '역시' 명사이며, 명사는 단지 동사'처럼' 사용될 뿐
이다. 인지적으로 사물과 동작의 비대칭은 명사와 동사의 비대칭을 초래
하였다. 비대칭의 편측(偏側) 방향은 명사가 기본이며, 명동 사이의 포함
관계는 동사가 명사를 포함하는 것이 아니라 명사가 동사를 포함하는 것
임을 결정하였다.

제4절 동사는 '허화된 명사'

역사언어학자 Bernd Heine[16]와 Tania Kuteva[17]는 다량의 언어, 특히 아
프리카어의 사실에 근거하여 다음의 결론을 얻었다. 품사의 변화발전을
보면, 명사와 동사는 층위가 서로 다르며, 동사는 명사에서 분화되어 나
왔다. 명사가 동사로 허화(虛化)한다는 점에서는 중국어와 인도유럽어 등
의 언어가 일치를 보인다. 하지만 중국어는 여전히 자신의 특징을 가지고
있다. 이는 명사가 동사로 완전히 허화되지 않고, 아직 명사에서 완벽히
분리되지 않았음을 말한다. 다시 말해, 중국어의 명사는 지칭어이나 동사
는 지칭어이면서 서술어이기도 하다는 것이다. 또한 중국어 동사는 인도
유럽어처럼 [+서술]의 특징을 나타내는 문법표지로 발전하지 못하고, 단
지 구(句)의 단계에서 시제와 상(tense & aspect)을 표시하는 '了', '着', '过' 등
의 형식표지만이 있을 뿐이다. 그렇지만 이들 형식표지도 모두 강제적인
것은 아니며, 단어 형태의 일부가 되지도 않았다. 예를 들면 다음과 같다.

---

16) 역자주 : 유럽의 대표적인 언어학자. 독일 쾰른대학교 아프리카 연구소 교수. 특히 문법화
   분야의 세계적인 권위자. 화용론, 아프리카 언어학, 사회언어학, 문법화 이론, 언어접촉이
   론을 주로 연구. 주요 저서로는『Grammaticalization : A conceptual framework』,『Cognitive
   foundations of grammar』,『Language contact and grammatical change』(공저) 등이 있다.
17) 역자주 : 독일 뒤셀도르프대학교 언어학과 교수. 문법화 이론, 언어 접촉 이론 전공.『The
   Changing Languages of Europe』(공저),『World Lexicon of grammaticalization』등이 있다.

他开回来(了)一架飞机。
그는 비행기 한 대를 몰고 돌아왔다.
他一边开(着)飞机一边拍照。
그는 비행기를 몰면서 촬영하였다.
他曾经开(过)飞机出海。
그는 비행기를 몰고 바다로 나간 적이 있다.

(吕叔湘 1979 : 92)

영어에서 He fly a plane는 전혀 문법에 맞지 않고, 문장도 성립되지 않는다. 따라서 중국어의 동사는 문법화의 과정 중에 있으며, 허화되고 있는 명사라고 할 수 있다. 동사와 명사의 사이는 물의 원류(源流, 근원과 갈래)의 관계와 같아, 명사는 근원(源)이고 동사는 갈래(流)라고 할 수 있다.

제5절 '명동포함'에서 본 품사연구의 문제

'명동포함'의 측면에서 보면, 앞의 제1절에서 언급한 품사연구에서의 골칫거리 문제에 대해 모두 합리적인 설명이 가능해진다.

첫째, 문법체계의 모순을 해소할 수 있다. '명동포함'의 품사구조에서 이른바 중심확장규칙과 병렬규칙의 위반문제는 더 이상 문제가 되지 않는다. 명사는 동사를 포함하고 있고, 동사는 명사의 한 하위부류로서, 주어와 목적어가 되는 것은 명사의 기능이자 동사의 기능이다. 그렇다면 동사가 주어와 목적어의 자리에 출현하는 것은 동사의 일반적인 기능을 실현하는 것으로, '명물화' 과정을 필요로 하지 않는다. 예를 들어 '这本书的出版(이 책의 출판)'에서 '出版(출판)'은 동사이자 명사이므로 주어나 목적어가 되는 데 어떠한 '명물화'도 필요하지 않다. 동사도 명사이기 때문에 'N의 V'는 결국 'N의 N'(周韧 2012 참조)이므로, 명사를 중심으로 명사성 구(句)로 확장되는 것은 중심확장규칙에 결코 저촉되지 않는다.

또 중국어의 동사는 동사이자 명사이므로, '병렬조건'에 위배되는 문제도 더 이상 존재하지 않는다. 또 명사가 동사를 포함하므로, 중국어에는 '명동겸류'란 것도 존재하지 않는다. 왜냐하면 동사도 모두 명사에 속하기 때문이다. 명사의 정의 문제와 관련하여 여전히 명사를 직접 정의할 수는 없지만, 간접적으로 명사를 정의하는 것은 가능하다. 이에 관해서는 이후 문장의 실사 부분에서 다시 구체적으로 언급할 것이다.

둘째, 응용상의 어려움도 해결할 수 있다. 예를 들어 전산언어학에서 'n+x', 'a+x', 'v+x'와 같은 관형어 수식구조 안의 x 자리에 있는 단어는 모두 n으로 표기할 수 있다. 이는 동사가 모두 명사를 겸하기 때문인데, 이렇게 하면 단어에 정해진 품사가 없다는 무품사(词无定类) 현상은 초래하지 않게 된다. 또 외국어교육 분야에서 중국인이 영어를 배울 때 나타나는 반복적인 실수는, 모국어의 부정적 전이(Negative Transfer)[18]를 통해 설명이 가능하다. 중국어와 영어는 품사구조가 완전히 다르기 때문에, 중국인이 영어를 학습할 때 모국어의 영향을 받는 것은 불가피하다. 이로 인해 명사 및 동사와 관련된 다량의 체계적인 오류를 양산하게 된다. 이제 문제의 근원을 찾았으니, 영어교육을 할 때 그에 맞는 해결책을 제시할 수 있게 되었다. 영어교사는 간단하면서 분명한 예를 활용하여 학생들이 영어와 중국어의 '명동분립'과 '명동포함'의 근본적인 차이를 깨닫게 한다. 학생들이 중국어의 명사는 사실 모두 동명사(동사이자 명사)이며, 동사의 성질과 명사의 성질을 겸유하고 있다는 점, 중국어의 명사원형(Bare Noun)과 동사원형(Bare verb)은 지칭어와 서술어를 충당할 수 있다는 점, 중국어의

---

18) 역자주 : 일반적으로 한 가지 학습이 다른 학습에 대해 간섭하거나 억제하는 작용을 일으키는 것을 의미한다. 부정적 전이는 보통 한 가지 학습이 다른 학습에 필요한 학습 시간 또는 연습 횟수를 증가시키거나 다른 학습의 원활한 진행 및 지식의 정확한 파악을 저해하는 것으로 나타난다.

'是'는 영어의 be와 다르다는 점, 중국어 부정어의 분업(分工)[19]은 영어의 부정어와는 다르다는 점 등을 이해하게 함으로써 영어 학습에 대한 중국어의 부정적 전이가 발생하지 않도록 주의하여야 한다.

셋째, 품사와 관련된 실험결과를 합리적으로 해석하는 데 하나의 가능성을 제공할 수 있다. 예를 들면, 위의 글에서 언급한 李平 등이 중국어 품사의 핵자기공명 영상을 대상으로 한 실험에서, 중국어 명사와 동사는 대뇌 피층에서의 이미지 영역이 영어 등 인도유럽어와는 다르다는 점을 발견한 것이다. '명동분립' 구조는 이를 설명할 수 없지만, '명동포함'구조는 우리에게 새로운 사색의 길을 열어주었다. 중국어는 동사도 명사로서 술어가 될 수 있을 뿐만 아니라 일반 명사처럼 주어나 목적어가 될 수 있기 때문에, 대뇌의 앞부분과 함께 뒷부분도 활성화되게 할 수 있다. 한편, 중국어의 명사가 모두 동사는 아니지만, 동사가 아닌 일반 명사도 술어가 될 수 있으므로 동사와 마찬가지로 대뇌의 앞부분을 활성화시킬 수 있다. 하지만 명사가 술어가 되는 것은 결국 특수한 경우이기 때문에, 대뇌 앞쪽의 작용과 관계된 미상핵(尾狀核) 부분도 활성화해야 한다. 미상핵은 단어의 지칭성/서술성의 강도를 조절한다고 가정할 수 있다. 물론 이것은 하나의 추측과 가설일 뿐이어서 검증이 필요하다. 하지만, 품사이론의 발전은 언어별 품사 대뇌영상 비교연구에 새로운 사고와 해석의 각도를 제공하고, 대뇌표상과 언어를 처리하는 신경 메커니즘에 대한 이해를 더욱 심화시킬 것으로 믿는다.

'명동포함'의 구조에서 보면, 제1장에서 언급한 아동의 품사습득 실험에서 얻은 두 가지 상반되는 결과에 대해서도 설명이 가능해진다. 이 두 가지 실험은 모두 '명동분립'의 바탕 위에서 진행되었다. 실험A에서 유아

---

19) 역자주 : 중국어의 대표적인 부정어는 '不', '没', '別' 등이다. 이들은 각각 용법이 따로 나누어져 있다.

의 관심은 동사와 명사를 구별하는 실마리를 찾는 것인데, 중국어는 동사를 판단하는 단서가 부족하기 때문에 이를 구분하기가 어려워 동사의 습득이 비교적 늦다. 실험B는 습관화 단계와 판단 단계 두 부분으로 나누어져 있다. 습관화 단계를 거쳐 유아들은 이미 명사와 동사의 차이를 이해하게 되는데, 동사가 명사 내의 특수한 하위부류이기 때문에, 특히 동사를 중시하게 된다. 따라서 실험B에서는 중국어를 하는 유아의 동사습득이 영어를 하는 유아보다 이르다.

그 밖에 이른바 '명사편향'이나 '동사편향'은 모두 '명동분립'의 기초 위에 세워졌는데, 이들은 사실 매우 모호한 표현이어서 보는 관점에 따라 이해도 서로 다르다. 만약 '명동포함'의 구조에서 본다면, 중국어의 실사는 모두 명사이므로 하나의 단어가 명사인지 여부는 중요하지 않고, 동사인지 여부가 중요하게 된다. 이런 측면에서 보면 중국어는 동사편향이다. 반면 또 다른 각도에서 보면, 중국어의 동사는 명사의 하위부류일 뿐, 명사와 대립되는 부류를 형성하지 않으므로 중국어는 명사편향이다. 품사에 관한 이러한 관점의 차이는, 한편으로는 실험에 대한 우리들의 해석에 영향을 주고, 다른 한편으로는 우리의 실험 설계에 영향을 줄 수 있다. 중국어의 '명동포함'설은 분명히 인지언어학의 발전을 촉진할 것이다.

제
3
장

계승
과
타파

계승과 타파

과학연구는 모두 이전의 연구 성과를 계승하는 것을 바탕으로 한다. 계승 없이는 발전도 없으니, 혁신은 더욱 말할 것도 없다. 沈家煊의 '명동포함' 품사이론도 물론 근거 없이 나온 것이 아니라, 趙元任의 '불완전문장(零句)'설과 呂叔湘의 '무종지문無終止文(流水句, run-on sentence, 두 개 이상의 절을 접속사 없이 이은 문장)'설, 朱德熙의 동사가 주어나 목적어가 될 때 성질에 변화가 없다는 주장, 그리고 실현관계, 구성관계 등 앞선 연구자들의 연구 성과 모두가 명동포함설의 선구이다. 명동포함설은 이들 학설을 계승하는 기초위에서 과거에 당연시하던 관념을 타파함으로써 중국어 품사 연구에 새로운 세계를 개척하였다.

제1절 계승

1. '불완전문장설'(零句说)과 '무종지문(流水句)'

'명동포함'의 품사구조는 趙元任(1968 : 41-51)의 '불완전문장'설에서 추론되고 도출되었다. 불완전문장설의 주된 관점은 (1)완전문장은 불완전문장으로 구성되고, (2)불완전문장이 기본이며, (3)불완전문장은 독립할 수 있다는 것이다. 간단하게 소개하면 다음과 같다.

중국어의 '문장(句子)'은 양쪽 끝에 명확한 휴지(休止)가 있는 하나의 발화문(utterance)이다. '下雨了！(비가 오네!)'처럼 영어의 주어 it에 상당하는 주어가 없을 수도 있고, '这个人呀!(이 사람 말이야!)'와 같이 술어가 없을 수도 있는데, 이러한 문장이 바로 불완전문장(零句, minor sentence)이다. 반면, 주어와 서술어가 완전하게 갖추어진 문장을 '완전문장(整句)'이라고 부른다. 중국어에서 불완전문장에 억양을 추가하면 독립적으로 문장이 되기도 하지만, 일상생활에서는 역시 불완전문장이 '우세를 점한다'. 완전문장은 불완전문장들로 구성된다. 그런데, 이는 의도적으로 구성한 것이기 때문에, 중국어에서는 불완전문장이 기본이라고 할 수 있다.(Chao 1959)

완전문장은 두 개의 불완전문장으로 구성되기도 하는데, 일문일답의 두 불완전문장이 완전문장을 구성할 수도 있다. 예를 들어보자.

> 饭呢? 都吃完了。(一问一答)
> 밥은? 벌써 다 먹었어.(일문일답)
> 饭呢都吃完了。(自问自答)
> 밥은 이미 다 먹었지.(자문자답)
> 饭都吃完了。(组合成一个整句)
> 밥은 이미 다 먹었다.(하나의 완전문장을 구성)

앞의 단문은 주어이고, 뒤의 단문은 술어이다. 어기조사 '啊, 吧, 吗, 呢'는 문장 끝에도 나타날 수 있고, 주어 뒤에도 나타날 수 있는 중요한 형식적 증거이다. 또 대화는 '질문과 대답(问和答)'에 국한되지 않고, 여러 가지 '유발과 응답(引发和应答)'의 형식이 될 수도 있다. 예를 들어, 한 사람이 "我不来(나는 안 올 거야)"라고 말을 하여 다른 사람의 "我不去(나는 안 갈 거야)", "你不来, 我不去(네가 오지 않으면, 나는 가지 않을 거야)"라는 대답을 유발하는 것과 같이, 조건-결과의 주종관계를 나타내는 이어진 문장도 역시 두 개의 불완전문장으로 구성된 완전문장이다. 조건절 뿐만 아니라, 양보,

원인, 시간, 처소를 나타내는 절도 모두 주어가 될 수 있다.

我昨儿晚上上床(的时候), 客人还没全走。
내가 어제 저녁 잠자러 가는데(갈 때), 손님들이 아직 다 가지 않았다.
大家用功(的地方), 你不能大声儿说话。
모두들 열심히 공부하니(공부하는 곳이니), 너는 큰 소리로 말해서는 안
된다.
我吃完了(以后)你吃。
내가 밥을 다 먹고(먹은 후에), 네가 먹어라.
票还没买(以前)你不能上船。
표를 아직 사지 않았으니(사기 전에), 너는 배를 타면 안 된다.

따라서 중국어의 불완전문장으로 구성된 완전문장에서 주어와 술어의
구조 형식은 다양하고 제한이 없다. 주어는 명사성 단어 이외에 시간, 처
소, 조건을 나타내는 단어도 가능하며, 동사성 단어, 전치사구와 주술구도
가능하다. 술어는 동사성 단어(형용사 포함) 외에 명사성 단어와 주술구도
가능하다. 중국어는 심지어 동사성 주어와 명사성 술어로 구성된 문장도
가능하다.

逃孱头。 도망치는 것은 비겁한 놈이다.
(他)不死一百岁了。 (그가) 죽지 않은 것이 백 살(년)이다.
不下雨已经三个月了。 비가 오지 않은 것이 이미 3개월이 되었다.

(沈家煊 2016)

沈家煊(2016)은 불완전 문장설에서 다음의 유추과정을 거쳐 명동포함 구
조가 나온 것이라고 밝혔다.

－불완전문장은 모두 완전문장의 주어/화제일 수 있다.[20]

　-주어/화제는 지칭성이다.
　-불완전문장(술어성 불완전문장 포함)은 모두 지칭성을 가진다.[21]

또 그는 다음 예를 통해 설명을 하였다.

治得好嘛。 还活着呢。 今年一百岁了。
치료가 잘 되었네. 아직 살아 있네. 올해 100살이 되었네.

나란히 나열해 놓은 이 세 개의 문장은 모두 종결 어투이고, 양쪽 끝에 휴지가 있다. 앞의 두 개는 주어가 없는 불완전문장이고, 마지막은 주술문이다. 만약 앞의 '治得好嘛'의 종결어투와 휴지를 없애면, '治得好嘛'와 '还活着呢'는 합쳐져 하나의 완전한 문장 '治得好嘛还活着呢(치료가 잘 되었어, 아직 살아 있잖아)'로 될 수 있다. 이때 '治得好'는 화제이고 '嘛'는 화제 표지이며, '还活着'는 술어이고, '呢'는 청자에게 '还活着'라는 사실에 주의를 기울이도록 요청하는 것이다. 만약 '还活着呢'의 종결어투와 휴지를 없앤다면, '还活着呢'와 '今年一百岁了'가 합쳐져 하나의 완전한 문장 '还活着呢今年一百岁了(아직 살아 있는데 올해 100살이 되었네)'가 된다. 이때 '还活着'는 지칭성 화제이고, '呢'는 화제 표지이기 때문에 술어 '还活着'도 지칭성을 지닌다. 앞의 완전문장의 술어는 바로 뒤의 완전문장의 주어가 되는데, 형식상의 차이가 없다. 즉, 중국어에서 술어는 모두 지칭성을 가지며, 동사는 모두 명사이다.

---

20) 저자주 : 중국어의 주어와 화제의 관계에 관해서는 본 총서 가운데 宋文輝가 쓴 『主语和 话题』를 참고하기 바람.
21) 저자주 : 우리는 상술한 추리의 첫 번째 전제인 '零句都能是整句的主语/话题(불완전 문장 은 모두 문장 전체의 주어 또는 화제일 수 있다)'라는 서술 가운데의 "能(~일 수 있다)" 을 제거하기를 건의한다. 왜냐하면 담화(语篇, discourse)를 통해 보건대, 그렇게 하여도 중국어 사실을 결코 위배하지 않기 때문이다.

이렇게 보면, 중국어에서 "유달리 많은 무종지문(特多流水句)"22)(吕叔湘 1979 : 27) 현상은 쉽게 이해된다. 무종지문은 일련의 불완전문장이 끊어질 듯 하면서도 계속 이어진 것으로, 나열된 불완전문장은 동사성인 것도 있고 명사성인 것도 있다.

> 老王呢? 又生病了吧! 也该请个假呀! 走不动了嘡! 儿子女儿呢? 上班忙吧?
> 왕형은? 또 병이 났군! 휴가 낼 때도 됐어! 걸을 수 없게 되었다고! 아들 하고 딸은? 출근한다고 바쁘겠지?
> 请个保姆嘡! 工资低呀! 先借点呢? 犟脾气一个呀!······ (转引自沈家煊, 2012d)
> 보모를 들이지! 월급이 적잖아! 우선 조금 빌리는 건 어떨까? 고집쟁이 같으니라고!
>
> (沈家煊 2012d에서 재인용)

이 단락의 짧은 문장은 모두 불완전문장으로 이어져 있는데, 앞뒤로 이어진 두 개의 불완전문장은 '老王呢又生病了(왕형 말이야, 또 병이 났어)', '请个保姆嘡工资低(보모를 들이자니, 월급이 적어서)', '先借点呢犟脾气一个(우선 조금 빌려야 하는데, 고집쟁이라서)'처럼 그 사이의 휴지와 문장 끝의 종결 어조만 없애면, 어느 것이나 조합하여 하나의 완전문장으로 만들 수 있다. 따라서 불완전문장은 앞에 있는 완전문장의 설명이자 뒤에 있는 완전문장의 화제이다. 전통적인 '명동분립' 구조에서는 이러한 현상을 설명할 수가 없었다. 명동포함 구조에 따르면, 동사는 명사이기도 하고 술어는 지칭어이기도 하다. 또 '경이롭고도 명백한' 결론은 바로, 중국어 무종지문은 다음과 같이 구성된다는 것이다.

---

22) 저자주 : 流水句에 관해서는 본 총서 중 许立群의 『从"单复句" 到"流水句"』를 참고하기 바람.

$$S_流 \rightarrow S'NP + S'NP + S'NP\cdots\cdots$$

무종지문을 구성하는 문장은 명사성이든 동사성이든 모두 지칭성이 있으며, 일부 NP만 술어성을 동시에 가진다. 이는 곧 '명동포함'의 함의와 일치한다.

沈家煊(2017g)에는 이러한 무종지문의 예문이 다량으로 보인다.

> 范总说, 俞小姐的单子, 必须我来结。 阿宝说, 小事一桩, 范总不必认真。
> 범사장은, 미스 유의 계산서는 반드시 자신이 결재해야 한다고 했다. 아바오는 사소한 일이니, 범사장님께서 신경 쓰실 필요 없다고 말했다.

阿宝가 말한 '小事一桩(사소한 일 한 가지)'은 뒤의 '范总不必认真(범사장님께서 신경 쓰실 필요 없다)'의 평론 대상(화제)이자 앞부분에서 범사장이 한 말에 대한 평론(설명)이다. 이러한 '화제 1 — 설명 1 / 화제 2 — 설명 2' 형식의 화제 사슬 외에, 일종의 '중첩형'도 있다. 아래는 『繁花』에 나오는 문장이다.

> 八十年代, 上海人聪明, 新开小饭店, 挖地三尺, 店面多一层, 阁楼延伸。
> 80년대에 상하이 사람들은 매우 똑똑하여, 조그마한 음식점을 새로 여는데도 땅을 석자나 파니, 매장의 면적은 한 층 더 늘어났고, 누각은 확장되었다.

'八十年代(80년대)'는 화제이고, '上海人聪明(상하이 사람들은 똑똑하다)'부터 끝까지는 이 화제에 대한 설명이 된다. 또 이 설명 속에서 첫머리의 '上海人聪明'은 다시 화제가 되고, '新开小饭店(조그마한 식당을 새로 열다)'부터 문장 끝까지는 이 화제에 대한 설명이 된다. 이어서 '新开小饭店'은 또 다시 화제가 되고, '挖地三尺(땅을 석 자 파다)' 이후는 이 화제에 대한 설명이 된다. 마지막으로 '挖地三尺'가 또 화제가 되고, '店面多一层, 阁楼延伸(매장의 면적은 한 층 더 늘어났고, 누각은 확장되었다'는 이에 대한 설명이다. 이는 다음과 같이 요약할 수 있다.

八十年代, 上海人聡明, 新开小饭店, ……。
화제 1 [설명 1 [화제 2 [설명 2]]]

여기서 모든 화제는 주어가 될 수도 있고, 술어가 될 수도 있다. 하지만 모두 지칭성을 가진다.

2. '무형식 명사화'의 부존不存

형태표지가 없다는 것은 인도유럽어와 구별되는 중국어의 중요한 특징이다. 朱德熙(1985a : 4)는 이를 바탕으로 중국어 문법의 '전체 국면과 관계되는' 두 가지 특징을 제시한 바 있다. 그 가운데 하나가 "중국어 품사와 문장성분 사이에는 간단한 일대일 대응관계가 존재하지 않는다"는 것이다. 또한 그는 특히 "동사와 형용사는 술어도 될 수 있고, 주어와 목적어도 될 수 있다. 주어와 목적어가 될 때에도 여전히 동사나 형용사이며, 성질의 변화가 없다. 이것은 중국어가 인도유럽어와 구별되는 매우 중요한 특징"이며, "주어와 목적어 자리의 동사와 형용사가 이미 명사화 되었다고 보는 것은 인도유럽어의 시각으로 중국어를 본 것"이라고 주장하였다. 이러한 명사화는 "인도유럽어에는 있지만, 중국어에는 없는 것"이다.

이 점에 대해 呂叔湘도 "같은 조건하에서 동일한 부류의 단어가 모두 가지고 있는 용법이라면, 이는 품사변화로 볼 수 없다."(呂叔湘 1979 : 46)라고 하였다. 중국어의 동사와 형용사가 주어나 목적어가 될 수 있다는 것은 당연히 대다수 동사와 형용사에 대해 그렇다는 것인데, 『语法讲义』에서는 "사실 대부분의 동사와 형용사는 모두 주어나 목적어가 될 수 있다"(101쪽)라고 하였고, 『语法答问』에서는 "80-90%의 동사와 형용사는 주어나 목적어가 될 수 있다"라고 하였다(7쪽). 주어나 목적어 자리에 위치하는 동사의 성질이 바뀌지 않는다는 주장은 간결성 원칙에도 부합한다.

혹자는 동사가 주어나 목적어가 될 수 있는 것은, 단지 형태표지를 추가하는 차이만 있을 뿐 영어도 마찬가지이므로, 결코 중국어만의 특징은 아니라고 주장한다. 중국어 동사가 주어나 목적어가 되는 것은 영어의 work나 play와 같이 일종의 영파생(zero derivation)[23]이라는 것이다.(陆俭明 2013) 하지만 영파생은 소수의 동사에 한해서만 적용된다. 만약 절대다수의 동사가 모두 영파생이라고 한다면, 그것은 절대다수의 동사가 명사화되어야 한다고 말하는 것과 마찬가지로 불필요한 것이다. 朱德熙(1983)는 "중국어에 대해 이른바 '무형식 명사화'는 모두 인위적인 허구이다"라고 명확하게 시적하였다. 이는 간결성 원칙에도 부합하지 않음을 알 수 있다.

3. 朱德熙의 '실현관계(实现关系)'와 '구성관계(组成关系)'

朱德熙(1985a : 4)는 "중국어 문장의 구성 원칙과 단어의 구성 원칙은 기본적으로 일치한다"고 하였는데, 이것은 중국어 문법이 인도유럽어와 다른, "전체 국면과 관련된" 또 하나의 특징이다. 간단히 말하면, 영어 동사는 문장 내에서 위치가 달라지면 형식도 달라지므로, 단어가 문장에 들어가면 문장성분으로 '용해(溶解)'된다고 할 수 있다. 이때 형태변화는 바로 '용해'의 표지이다. 반면 중국어의 "동사와 동사구는 어디에 있든 형태가 완전히 같아", '용해'의 과정이 존재하지 않는다.

---

23) 역자주 : 단어의 형식에 변화가 발생하지 않고 단어의 기능과 품사가 바뀌는 현상을 말한다.

He flies a plane. (他开飞机。)
그는 비행기를 조종한다.
To fly a plane is easy. (开飞机容易。)
비행기를 조종하는 것은 쉽다.
Flying a plane is easy. (开飞机容易。)
비행기를 조종하는 것은 쉽다.

이것은 단어와 문장의 관계에 있어서 중국어와 인도유럽어의 차이를 결정한다. 인도유럽어는 형태표지가 있고, 단어와 문장의 구조는 다르므로, 둘은 구성관계(构成关系)이다. 즉, 문장은 절로 구성되고 절은 구로 구성되며, 구는 단어로 구성된다. 구성관계는 부분과 전체의 관계이다. 반면 중국어는 형태표지가 없어, 동사와 동사구가 어디에 출현하든 형식이 완전히 같다. 구와 문장은 실현관계(实现关系), 즉 추상과 구체의 관계이다. 중국어 구(句)인 '去北极探险(북극으로 탐험하러 간다)'은 직접 독립적으로 문장이 될 수도 있고, 문장의 일부분이 될 수도 있다.

去北极探险！
북극으로 탐험하러 가자!
他们去北极探险。
그들은 북극으로 탐험하러 간다.
去北极探险一定挺有意思。
북극으로 탐험하러 가는 것은 분명히 매우 재미있을 것이다.
他们打算去北极探险。
그들은 북극으로 탐험하러 갈 예정이다.
去北极探险的人是很勇敢的。
북극으로 탐험하러 가는 사람은 매우 용감한 사람이다.

위의 예문들은 동일한 구가 다른 문법 환경에서 '실현(实现)'됨을 나타

낸다. (朱德熙 1985a : 69-76)

沈家煊은 '명사가 동사를 포함'할 때, 한 쌍의 중요한 개념인 '실현관계'와 '구성관계'가 있다는 것을 논증하였는데, 이것은 상술한 朱德熙의 관점을 일부 계승한 것이다. 沈家煊의 '실현관계'는 바로 朱德熙의 '구성관계(組成关系)'이고, '구성관계'는 朱德熙의 '실현관계'로 명칭은 다르지만, 실질적으로 같은 것이다. 朱德熙의 표현을 포기한 이유는 대체로 다음 두 가지이다.

첫째, 인지언어학과 접목하기 위한 보편성이 있다는 것이다. 인지언어학의 은유(metaphor)이론은 은유를 실현적 은유와 구성적 은유의 두 가지(Unger & Schmid 1996 : 147-149)로 구분하였는데, 이와 상응하게 개념간의 관계도 실현관계와 구성관계로 구별을 하였다. 그런데, 이 두 관계의 구분은 인도유럽어와 중국어에서 매우 다르게 나타난다. 전자는 형식표지를 더하지만, 후자는 더하지 않는다.

둘째, 직접적인 실현관계와 간접적인 실현관계의 차이를 강조하였기 때문이다. 朱德熙는 중국어에서 추상적인 구가 직접 구체적인 문장이나 문장성분이 되는 것을 실현관계로 보았다. 또 George Lakoff[24]와 Mark Johnson[25](1980) 등 언어학자들은 영어의 동사가 주어나 목적어가 될 때 명사화의 과정이 있는데, 이 역시 추상적인 것에서 구체적인 것으로의 변화라고 보았다. 이처럼 중국어는 '직접적이고 표지가 없는 실현관계'이고, 영어는 일종의 '간접적이고 표지가 있는 실현관계'라고 할 수 있다. 沈家煊은 실현관계로써 인도유럽어의 간접적인 실현관계를 지칭하고, 구성관

---

24) 역자주 : 언어학자, 캘리포니아대학교 버클리캠퍼스 언어학과 인지과학과 교수. 인지언어학의 창시자 중 한 사람. 주요 저서로는 『Irregularity in Syntax』, 『More Than Cool Reason : A Field Guide to Poetic Metaphor』 등이 있다.

25) 역자주 : 미국 오리건대학교 철학과 교수. 철학, 인지과학, 인지언어학을 구현하는 데 기여함. 주요 저서로 『Metaphors We Live By』(공저), 『Philosophical Perspectives on Metaphor』(편저) 등이 있다.

계로써 중국어의 직접적인 실현관계를 지칭하여, 양자의 차이를 더욱 강조하였다.

朱德熙는 '주술구조가 술어가 될 수 있다는 것'은 '중국어 문장과 구의 구성 원칙이 일치한다'는 것을 의미하는 '특별한 표현'이라고 명확히 지적하였다. 다시 말해, 중국어의 주술구조도 사실상 하나의 구이며, 다른 구의 지위와 완전히 평등하다. 주술구조는 단독으로 문장을 이룰 수도 있고, 문장성분이 될 수도 있다. "완전문장(S-P)도 술어가 될 수 있다"는 趙元任(1968 : 57)의 관점과 "주술관계의 유무로써 문장과 구를 구별할 필요가 없고", "구에는 주술구도 포함된다"는 呂叔湘(1979 : 31)의 관점도 이와 일치한다.

그러나 어떤 사람은 한편으로는 주술구조가 술어가 될 수 있다는 것을 인정하면서도, 또 한편으로는 무형식 명사화를 인정하는데, 이는 이론체계상 서로 모순된다. 중국어의 주술구조는 술목구조, 부사어술어구조, 연동구조 등 다른 구조와 마찬가지로 문장의 술어가 될 수 있다. 또 "주어가 없는 문장도 주어가 있는 문장과 마찬가지로 독립적이면서 완전한 문장"(朱德熙, 1987)이기 때문에 중국어의 주술구조는 다른 구조와 "지위가 완전히 평등하다".(朱德熙1985a : 8) 주술구조가 술어가 될 수 있다는 것을 인정하면, 구가 문장에 들어가 문장성분이 되는 것이 직접 실현되므로 명사화 과정이 불필요하다는 것을 인정하는 것이 된다. 하지만 또 동시에 만약 주어와 목적어 위치의 동사성 성분에 대해 형식적인 표지가 없음에도 여전히 명사화되었다고 생각한다면, 이는 분명히 서로 모순되는 것이다. 따라서 주술구조가 술어가 될 수 있음을 수용하는 것은 구와 문장구성의 일치성을 받아들이는 것이 된다.

제2절 타파

연구가 획기적인 진전을 이루기 위해서는 관념의 타파가 필수적이다. 중국어 품사에 대한 관점이 '명동분립' 구조에서 '명동포함' 구조로 바뀐 것도, 전통을 당연시하는 낡은 관념의 타파에서 이루어진 것이다. 관념의 타파가 연구의 돌파구가 되었다고 할 수 있다.

1. '품사분립'만 있고 '품사포함'은 없다고 여기는 관념의 타파

논리적으로 말하면, 두 범주의 관계는 '합일'관계와 '분립'관계 외에 '포함'관계도 가능하다.(Lyons 1977 : 156) 즉, 범주 갑과 범주 을이 만약 동일한 관계가 아니라면, 그들 간의 관계에는 두 종류가 존재한다. 하나는 이것이 아니면 저것이라는 '갑을대립' 또는 '갑을분립'의 배척관계이고, 다른 하나는 '갑을대응' 또는 '갑을포함'이라는 비배척 포용관계이다. 전자는 마치 '남자'와 '여자' 두 개의 범주관계처럼, 남자이면 여자가 아니고 여자이면 남자가 아니다. 후자는 man(사람/남자)과 woman(여자) 두 개의 범주 관계처럼 man이 모두 woman인 것은 아니나, woman은 모두 man이고, man은 woman을 포함한다. 전통 관념에서는 범주분립만이 언어의 정상적인 상태이고, 범주포함은 비정상적인 상태 또는 임시 상태로 여겼다. 하지만 적어도 중국어는 범주포함이 정상적인 상태이다. 이러한 상황은 다른 언어도 그럴 가능성이 크다.

표기이론(markedness theory)으로 보면, '갑을분립'과 '갑을포함'은 서로 다른 두 가지 표기 유형이므로 반드시 구분해야 한다. 많은 사람들이 이 두 가지 유형을 혼동하고 있는데, 예를 들면, male-female의 대립범주에 대해서 male을 무표기항(无标记项), female을 유표기항(有标记项)이라고 말한다. 그런데 man-woman의 대립범주에 대해서도 마찬가지로 man은 무표기항, woman은 유표기항이라고 말한다. 그리고 서로 같은 특징의 표기법을 채택하여 무표기항은 [-F]로 표기하고, 유표기항은 [+F]로 표기한다. 즉, male는 [-음성], female [+음성]이고, man은 [-음성], woman은 [+음성]으로 표기하였다. 그 결과, 성격이 다른 두 표기유형의 혼동을 더욱 가중시켰다. 사실 분립구조에서 무표기항 male의 [-음성]은 '분명히 [음성]의 특징이 없다'는 것을 나타내고, 포함구조에서 무표기항 man의 [-음성]은 '[음성]의 특징이 있는지 여부가 명확하지 않다'는 것을 나타낸다. 영어 unmarked라는 단어는 이러한 차이를 나타낼 수가 없지만, 중국어에는 부정어 '未(아직 - 하지 않다)'와 '无(없다)'의 구분이 있기 때문에 포함구조 안의 '무표기(无标记)'를 '미표기(未标记)'로 바꾸어 말하고, 특징 또한 [~F], 즉 man[~음성]으로 표기하여 [-F]와 구별하여야 한다.

범주와 특성 사이의 대응관계로써 분립구조와 포함구조의 차이를 표시하면, 전자는 일대일대응이고 후자는 편측대응이다. ('편측관계', 즉 왜곡관계는 이 책 제5장에서 상세하게 소개한다)

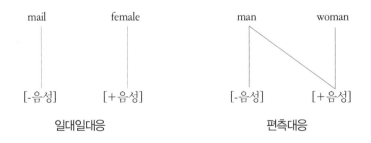

중국어 문법은 인도유럽어 문법의 영향을 많이 받아, 오랫동안 범주분립의 개념이 천하를 지배함으로써 범주포함의 개념은 응당 받아야 할 중시를 받지 못하였다. 포함구조는 이러한 한계를 극복하고 명사와 동사의

특징을 다음과 같이 확정하였다.

대명사(大名词)	[+지칭], [~서술]
동태명사(动态名词)	[+지칭], [+서술]
명사(名词)	[+지칭], [-서술]

'대명사(大名词)'의 특징은 바로 지칭성을 가지고 있고[+지칭], '서술성 유무가 명확하지 않는 [~서술]' 것이다. '동태명사(动态名词)'의 특징은 [+ 지칭], [+서술]이고, '명사'의 특징은 [+지칭], [-서술]이다. [서술]에 있 어서는 양자의 특징이 대립하지만, [지칭]에 있어서는 일치한다. 분립구 조에서 '동사'의 정의는 [-지칭]·[+서술]이고, '명사'의 정의는 [+지 칭]·[-서술]로, [서술]과 [지칭]에 있어서 양자는 모두 대립한다.

2. '명동포함'은 명사와 동사 구분의 의의를 잃게 한다는 관념의 타파

'명동포함' 구조의 품사이론은 명사가 동사를 포함하고 있으며, 모든 동사는 명사라고 여긴다. 어떤 사람은 명동포함은 모든 동사가 명사임을 강조하기 때문에 명사와 동사 사이의 차이를 묵살함으로써 명사와 동사 의 구분을 무의미하게 만들어 버렸다고 생각한다. 하지만 이는 사실 '구 분이 되는가 여부'와 '어떻게 구분할 것인가'를 혼동한 것이다.

사람은 사물과 동작의 두 가지 개념에 대해 인지적으로 서로 다른 인 식을 가지고 있다. 이것이 언어로 나타나는데 있어, 명사와 동사로 구분 되는 것은 인류 언어의 공통적인 특성이지만, 구분하는 방식은 언어에 따 라 다르다. 이는 적어도 인도유럽어의 분립구조와 중국어의 포함구조 두 종류의 유형으로 나눌 수 있다. 이 역시 사물과 동작의 관계를 바라볼 때

민족에 따른 인식이나 경향성의 차이에서 기인한다.

명동포함 구조는 명사가 동사를 포함하고, 동사는 명사의 하위부류일 뿐임을 말한다. 이는 명사와 동사가 서로 대립하거나 대등한 관계가 아니라는 것을 의미한다. 즉, 중국어의 모든 동사는 단음절이든 쌍음절이든 모두 동태명사이지만, 명사가 모두 동사는 아니라는 것이다. 따라서 포함 구조는 '구분되기도 하고 구분되지 않기도 하는(既分又不分)' 구조라고 말할 수 있다. 구분되지 않는다는 것은 동사도 명사이기 때문이고, 구분된다는 것은 명사가 모두 동사는 아니기 때문이다. 중국어의 동사 역시 '있기도 하고 없기도 한 것'이다. '없다'는 것은 동사류라고 하는 독립된 하나의 부류가 없음을 말하는 것이고, '있다'는 것은 명사 안에 동태명사라고 하는 하나의 특별한 부류가 있음을 가리키는데, 여기서 말하는 동태명사가 바로 중국어의 동사이다. 포함구조 또한 일종의 다르면서도 같은 구조여서, 같은 점도 있고 다른 점도 있다. 다르다고 하는 것은 동태명사가 전통적인 의미의 명사와는 다르기 때문이며, 같다고 하는 것은 모두 대명사(大名词)에 포함시킬 수 있기 때문이다. 이로써 포함구조 안에서 명사와 동사의 구분은 의미가 없는 것이 아니라 영어의 man과 woman의 구분과 마찬가지로 의미가 있는 것이다.

朱德熙(1985a : 64)는 변형생성문법의 다시쓰기 규칙(rewriting rule) S→NP+VP는 "중국어에서는 통하지 않는 것이다"라고 지적한 바 있다. 중국어에는 심지어 '逃屖头(도망치는 것은 비겁한 놈이다)'와 '不死(今年)一百岁(죽지 않은 것이 (올해) 백 살이다)' 같이 VP+NP로 구성된 문장도 있다. 그러나 포함구조는 이러한 기본적인 다시쓰기 규칙을 중국어에서 제한적으로 유지할 수 있다. NP는 곧 지칭어이고, VP는 곧 서술어(간단히 술어라고 칭함)이며, VP는 일종의 동태NP이고, NP는 VP를 포함한다. 만약 NP(VP)를 사용하여 'NP는 VP를 포함한다', 즉 지칭어가 술어를 포함한다는 것을 표시하고, VP[NP]를 사용하여 'VP는 모두 NP이다', 즉 술어는 모두 지칭어라는 것을 표시한다면, 기본적인 다시쓰기 규칙은 다음과 같이 나타낼 수 있다.

S → NP(VP) + VP [NP]

NP가 VP를 포함하므로 VP도 당연히 주어가 될 수 있고, 또 VP가 모두 NP이고 술어는 모두 지칭어이므로 NP도 술어가 될 수 있다. 이 역시 명사와 동사의 구분이 포함구조에서도 여전히 의미가 있음을 설명한다.

제4장

연구방법과 방법론

연구방법과 방법론

과학 연구에 있어, 타당한 방법의 사용은 학문의 진보를 위한 필요조건이다. 沈家煊(2017d)은 문법을 연구할 때 유추법이 아닌 비교법을 채택해야 한다고 주장하였다. 중국어 문법연구에서 거둔 진전은 연구방법에 있어 유추(analogy)에서 비교(comparison)로의 변화와 밀접한 관계가 있다.

비교법은 과학적인 방법이며 차이를 강조한다. 남은 그것을 가지고 있고, 나는 그것이 아닌 이것을 가지고 있다는 식이다. 보기엔 나도 남과 같은 범주와 등급을 가지고 있는 듯하지만, 사실은 남의 것과는 그 성질과 상호간의 관계에 있어 아주 큰 차이나 심지어 근본적인 차이가 있다. 언어연구에서의 비교는 중국어와 기타 언어의 비교, 현대 중국어와 고대 중국어의 비교, 중국어 방언간의 비교, 서로 다른 문체간의 비교 등을 모두 포함한다. 비교법은 언어 사실을 깊이 이해하고, 객관적인 사실에 부합하는 결론을 도출하는 데 도움이 된다.

유추법은 비과학적인 것으로 공통점을 찾는 것을 위주로 한다. 즉, 남이 이것을 가지고 있으면, 나도 같은 것을 가지고 있다는 식이다. 남이 어떤 범주와 등급을 가지고 있으면, 나도 마찬가지라는 것이다. 유추법은 사물간의 차이를 깊이 탐구하지 않기 때문에, 공통점을 찾을 때 흔히 서양 이론의 틀을 그대로 적용하여 본질이 다른 것들을 강제로 하나로 묶는다. 중국어 문법연구는 초기부터 인도유럽어의 영향을 깊이 받아왔고, 중국어 문법체계도 인도유럽어를 모방하여 세워졌다. 따라서 연구를 할 때, 항상 인도유럽어의 문법범주와 문법개념에 유추하여 중국어 문법을 설명하였는데, 이는 문법연구에 많은 모순과 어려움을 초래하였다.

제1절 유추법(比附法, analogy)이 초래한 혼란

중국어 문법연구에서 오랫동안 논쟁이 끊이지 않은 '之'와 '都'의 문제, 그리고 명동사의 문제가 발생한 것은 모두 영문법을 통해 유추하여 중국어 문법을 연구한 것과 직접적인 관계가 있다.

1. 'N之V' 구조와 '之'

고대 중국어에서 흔히 주어와 목적어가 되는 'N之V'구조와 그 가운데에 있는 '之'의 성질에 대해서 문법학계에서는 의론이 분분하였다. 그런데 이 문제가 줄곧 해결되지 못한 중요한 원인 가운데 하나는 연구과정에서 영어를 근거로 유추함으로써 혼란스런 국면을 초래했기 때문이다.

'之'에 관한 주요 주장은 다음 몇 가지가 있다.(沈家煊·完权 2009)

A. '삼화(三化)'설

'삼화'설은 'N之V'구조가 주어나 목적어가 될 때, V는 구가 되거나, (吕叔湘 1942, 王力 1980) 명사화(朱德熙 1983, 王力 1989) 또는 지칭화(指称化)(宋绍年 1988, 张雁 2001, 李佐丰 1989)되는 등의 세 가지 품사문제가 발생한다고 보고, 이때 '之'를 '-화(化)'의 표지로 보는 관점을 말한다. 그런데 张世禄 (1959)부터 시작하여 고대 중국어에서는 'N之V' 외에도, '之'를 제거한 주술구조 'NV' 역시 마찬가지로 주어와 목적어가 될 수 있다는 사람들의 지적이 끊이지 않았다. 예를 들면 다음과 같다.

a. 民之望之, 若大旱之望雨也。(『孟子·滕文公下』)
백성들의 그를 바라봄이 마치 큰 가뭄에 비를 바라는 것과 같다.
b. 民望之, 若大旱之望云霓也。 (『孟子·梁惠王下』)
백성들이 그를 바라보는 것이 마치 큰 가뭄에 구름과 무지개(비가 올 징
조)를 바라는 것 같다.

또 '之자 구조'와 주술구조가 같은 단락에 나란히 출현하는 경우도 있
다. 예를 들어보자.

不患人之不己知, 患不知人也。(『论语·学而』)
남이 자신을 알아주지 않음을 걱정하지 말고, 남을 알지 못함을 걱정하여라.

그렇다면 '3화(三化)'의 필요성은 어디에 있는가? 또 만약 '-화(化)'하기
전에는 동사성 혹은 진술성 문장이었는데, '-화'한 이후에는 명사구 혹은
지칭성을 띠는 구가 된다면, 구와 문장, 명사구와 동사구, 지칭어와 진술
어가 병렬하게 되는데, 이것은 병렬원칙을 명백히 위반한 것이다.

B. 점착/유착설[粘连说]

일부 학자들은 '之자 구조'는 여전히 동사성의 '주어+술어' 구조이고,
'之'는 단지 주어와 술어를 연결하는 기능을 할 뿐이라고 여긴다.(何乐士
1989, 刘宋川·刘子瑜 2006, 宋文辉 2006) 하지만 '之'자가 없어도 주어와 술어
는 연결되어 있으며, '民望之'의 내부 결속 정도가 '民之望之'보다 오히려
더 높아 보인다. 이렇게 되면, '之자 구조'를 동사성 구조라고 하는 주장
도 성립하기 어렵다. 왜냐하면 '之자 구조'가 문장의 술어로는 거의 사용
되지 않으며, 주어나 술어가 되는 것이야말로 그것의 일반적인 용법이라
는 것이 부인할 수 없는 중요한 사실이기 때문이다.

C. '관형어 표지'설

余靄芹(1988)은 'NP之VP(NP의 VP)'의 '之'는 관형어 표지이나, 'NP之NP'의 '之'(예 : 王之諸臣)는 역시 지시사로 간주할 수 있다고 보았다. 張敏(2001)은 이에 대해 반대 의견을 견지하면서, 통사 테스트를 통해 고대중국어 속의 '之'는 역시 지시대사라고 설명하였다.

D. '어기(语气)'설과 '문체(文体)'설

『马氏文通』에서는 '之'에 일종의 '문장의 기세를 완화시키는' 기능이 있다고 하였지만, 何乐士(1989)는 이와 반대로 '之'자에는 강조의 기능이 있다고 하였다. 강조와 완화는 서로 상반된 표현이고, 또 무엇을 강조하고 완화한다는 것인지에 대해서도 구체적인 설명이 전혀 없었다. 刘宋川·刘子瑜(2006)는 '之'가 연결 기능 외에, 음절을 조절하는 역할을 함으로써 문장의 리듬이 대칭성과 정연성(앞뒤 문장의 음절수가 서로 같거나 홀짝수로 대응하는 것)을 가지도록 한다고 보았다. 그러나 이 주장으로 설명할 수 없는 사례가 많고, 반대되는 사례 또한 적지 않다. 王洪君(1987)은 '之자 구조'와 주술구조는 문체상의 차이라고 보았지만, 두 구조의 호문(互文)현상과 병렬현상에 대해서는 설명이 불가능하다.

E. '고접근성(高可及性)'설

洪波(2008)는 '之자 구조'는 주술구조에 비해 상대적으로 '접근성이 높은(可及性较高)' 구조이며, '之'는 '고접근성 표지'라고 하였다. 하지만 洪波는 '고접근성'과 '접근성 제고'를 구분하지 않았기 때문에, 역시 설명하기 어려운 현상들이 더러 존재한다.

상술한 관점 중 가장 큰 영향을 미친 것은 바로 '삼화'설이다. 삼화설은 영문법에 맞추어 중국어의 명사와 동사의 구분을 지나치게 중시하였다. 예를 들어 설명해보자.

The bird is going to die. 鸟将死
새는 죽을 것이다.
the bird's coming death 鸟之将死
새의 임박한 죽음

이 두 영어 단락의 문법 성질은 매우 다르다. 전자는 문장이고, 후자는
구로, 전자의 변환으로 생긴 결과이다. die는 동사이고, death는 명사이며,
death는 die의 명사화 또는 지칭화의 결과이다. death는 주어와 목적어의
위치에 출현할 수 있지만, die는 그럴 수 없다. 중국어문법 연구에서 '之'
의 역할이 구화, 명사화, 지칭화 표지라는 주장이 나타난 이유는, 바로 영
어에 맞춰 '鸟将死(새는 죽을 것이다)'와 '鸟之将死(새의 임박한 죽음)'를 영어와
똑같이 구별되는 것이라고 유추하였기 때문이다. 사실 중국어의 '鸟将死'
는 문장이면서 구이고, '死(죽다/죽음)'는 동사(die에 상당)이면서 명사(death에
상당)여서 술어이자 지칭어이다. 여기에는 어떠한 구화, 명사화 또는 지칭
화도 발생하지 않는다.

그 외 여러 가지 관점들은 차이가 크지만, 한 가지 공통점은 바로 '之
자 구조'와 주술구조의 차이를 지나치게 강조하였다는 것이다. 이 역시
주로 인도유럽어의 영향에서 기인한 것이다.

만약 인도유럽어의 명동분립의 관념을 벗어나, 소박한 시각으로 중국
어를 본다면, 'N之V' 구조와 '之'에 대해 중국어 사실에 더욱 부합하는
관점을 가질 수 있을 것이다. '鸟之将死(새의 임박한 죽음)'와 '鸟之双翼(새의
두 날개)'의 '之'는 동일하고, 현대 중국어에서 '这本书的出版(이 책의 출판)'
과 '这本书的封面(이 책의 표지)'의 '的'도 동일하므로, '之'자문과 '的'자문은
'참조체-목표'라는 일종의 동일한 구조이다. '之'와 '的'의 기능은 모두 가

리키는 대상의 식별도를 높이는 것이다. 이는 가리키는 대상이 사물이든 사건이든 마찬가지다.26) (王远杰 2008, 沈家煊·完权 2009, 完权 2010a, b)

2. '都'의 양화(量化) 미로

'都(모두)'는 현대중국어에서 상용하는 범위부사이다. 이에 대한 논의는 범위의 방향, 즉 총괄의 대상이 '都'의 좌측인지 우측인지에 집중되어 있다. 하지만 문법학계에서는 줄곧 공감대가 형성되지 못하였다. 吕叔湘(1981)은 "묻는 말을 제외하고는 총괄하는 대상은 반드시 '都' 앞에 놓여야 한다"고 하였다. 하지만 马真(1983)은 '都'의 우측에 있는 총괄대상이 의문대사에 국한되지 않음을 발견하였다.

> 这几天你都干了些**什么?**
> 요 며칠 모두 너는 무엇을 했니?
> 小李都买**呢子的衣服**。
> 샤오리는 모두 모직 옷을 샀다.
> 我都通知**他们**了。
> 나는 모두 그들에게 통지하였다.

의문대사는 정보의 초점을 묻는 것으로, 만약 그것이 총괄하는 대상이라면 의문대사에 대한 대답('呢子的衣服')도 역시 정보의 초점이므로 총괄대상이 되어야 한다. 아래 나열된 질문의 대답은 복수를 나타내는 단어가 '都'의 왼쪽에 있기 때문에, 일반적으로 '都'가 총괄하는 대상은 왼쪽에 위치한다고 본다. 하지만 의문대사에 회답하는 단어는 모두 '都'의 오른

---

26) 저자주 : 관련 내용은 본 총서 중 완취안(完权) 저 『说'的' 和'的' 字结构('的'와 '的'자 구조에 대한 논의)』를 참조하기 바람.

쪽에 위치한다.

> 문1) 大伙儿都**什么**意见?
> 모두들 어떤 의견이었죠?
>
> 답1) 大伙儿都**同意**。
> 모든 사람이 다 동의한다.
>
> 문2) 怎么都不能苦了**谁?**
> 어떻게 하더라도 누구를 고생시킬 수 없다고요?
>
> 답2) 怎么都不能苦了**孩子(们)**。
> 어떻게 하더라도 아이(들)를 고생시킬 수는 없어요.
>
> 문3) 不论谁都不能进**哪里?**
> 누구든지 모두 다 어디에 들어갈 수 없다고요?
>
> 답3) 不论谁都不能进**这两间屋子**。
> 누구든지 모두 다 이 두 방에는 들어 갈 수 없어요.

이 모순을 해결하기 위해, 학자들은 연이어서 여러 가지 방안들을 제시하였다. 공통된 방법은 '都'는 왼쪽의 성분만을 계량화할 수 있다고 보는 것이다. 만약 왼쪽에서 복수로 이해할 만한 성분을 찾을 수 없으면, 방법을 강구하여 하나를 추가하거나 복수의 성격을 띠는 전제(预设, presupposition)나 복수 성격의 화제를 하나 보충하는 것이다.(蔣嚴 1998, 袁毓林 2005b, 潘海华 2006) 예를 들면 다음과 같다.

我都通知他们了。 나는 그들에게 모두 통지하였다.	小王、小李、小赵, 我都通知他们了。 샤오왕, 샤오리, 샤오자오, 나는 그들에게 모두 통지하였다.
小李都买呢子的衣服。 샤오리는 모두 모직 옷을 산다.	〔买衣服〕小李〔每次〕都买呢子的衣服。 (옷을 사는데), 샤오리는 (매번) 모두 모직 으로 된 옷을 산다.

하지만 蔣静忠 · 潘海华(2013)는 여전히 우측 계량화가 존재한다고 보았다. 그들은 주로 다음 세 종류의 문장을 살펴보았다.

> a. 小李都买呢子的衣服。
> 샤오리는 모두 모직으로 된 옷을 샀다.
> b. 小李都买的呢子衣服。
> 샤오리는 모두 모직 옷을 샀다.
> c. 这一次小李都买的呢子衣服。
> 이번에 사오리는 모두 모직 옷을 샀다.

a의 '呢子的衣服(모직으로 된 옷)'는 배타성이 없어 좌향 양화규칙을 적용할 수 있다. b에서 '的'는 '呢子衣服'가 배타적 의미초점이라는 것을 나타내지만, 이 문장의 왼쪽은 '(买衣服)小李(每次)都买的呢子衣服((옷 살 때) 샤오리는 (매번) 모직 옷을 산다)'와 같은 복수를 나타내는 사건의 화제를 보충할 수 있기 때문에, 먼저 좌향 양화규칙을 사용한 다음, 우향 양화규칙을 사용하여야 한다. c는 배타성을 가지고 있지만, 왼쪽의 '这一次(이번)'가 홀수라면, 우향 계량화 규칙만 사용한다. 그런데 문제는 이러한 문장도 역시 왼쪽에 복수를 나타내는 단어를 보충할 수 있다는 점이다.

> 这一次小李(在每个服装店)都买的呢子衣服。
> 이번에 샤오리는 (매 옷가게에서) 모두 모직 옷을 샀다
> 这一次在这个服装店小李(在每个柜台)都买的呢子衣服。
> 이번에 이 옷가게에서 샤오리는 (매 판매대에서) 모두 모직 옷을 샀다.
> 这一次在这个服装店这个柜台小李(付了好几回钱)都买的呢子衣服。
> 이번에 이 옷가게 이 판매대에서 샤오리는(여러 차례의 돈을 지불하여)
> 모두 모직 옷을 샀다.

이는 우향 양화로 확정된 문장은 모두 좌향 양화규칙을 사용하기에도

적합하다는 것을 나타낸다. 또 좌향 양화규칙을 적용하기에 적합한 문장
은 거의 모두가 '都'의 오른쪽에서 의문대사에 대응하는 의미 초점을 찾을
수 있기 때문에, 역시 모두 우향 양화규칙을 사용하기에도 적합하다. 그
렇다면 이 가운데 하나는 분명히 불필요한 것이다. 그리고 보충할 수 있
는 단어 또한 불확실한데, 이러한 모순과 불필요성, 불확실성으로 인해,
사람들은 '都'의 양화방향을 놓고 미로에 빠져 오른쪽과 왼쪽 어느 쪽을
따라야할 지 방황하게 되었다.

沈家煊(2015b)은 '都'의 연구가 양화미로에 빠진 가장 중요한 원인에 대
해, 인도유럽어 관점의 지배를 받아 영어의 all로 중국어의 '都'를 유추하
였기 때문이라고 지적했다. 사실 '都'와 all은 서로 다른 것이다. 영어의
all은 형용사나 대명사이고, 포괄하는 대상은 명사로 대표되는 사물이다.
특히 부정어나 다른 양화 성분과 함께 출현할 때에는 관할방향의 중의(歧
义)가 발생한다. 전형적인 예를 들어보자.

All that glitters is not gold.
发亮的不都是金子。 / 发亮的都不是金子。
반짝이는 것이 모두 금은 아니다. / 반짝이는 것은 모두 금이 아니다.

'都'와 all이 서로 같다고 여기면, 무의식중에 왼쪽의 지칭성 어구에서
지시대상을 찾게 될 것이다. 찾아내지 못하더라도 온갖 방법을 다 생각해
내어 지칭성 화제를 보충하고자 할 것이다. 그런데 술어가 일반적으로는
동작이나 성질 또는 상태를 나타내지만, 여기에서는 사실 오른쪽의 술어
가 '都'의 자연스러운 총괄양화 영역이다. 또 중국어 '都'의 의미한정 영
역과 그 통사관할 영역은 원래 일치하기(王还 1983, 1988, 沈家煊 1985) 때문
에, '不都'와 '都不'를 구분하는 것은 쉽게 처리할 수 있는 일이다. 따라서
영어의 all을 모방하여 '都'의 논리 의미상의 양화방향을 구분할 필요가

없는 것이다. 또 이것저것 보충하는 것은 간결원칙에도 맞지 않다. 이러한 사상을 근거로 沈家煊(2015b)은 간결하면서도 모순이 없는 해결방법을 제시하였다. 그것은 문장 본연의 화제-초점 구조를 준수하여, 본래 오른쪽에 있던 초점을 왼쪽으로 옮기거나 왼쪽에 임의로 화제를 보충하여 총괄대상으로 삼지 말고, 좌향 양화와 우향 양화의 두 규칙을 하나로 통합하면, 바로 '都'의 우향 관할규칙이라는 것이다. 이때, 의미 한정역(量化域)과 통사 관할역은 서로 일치한다.

沈家煊에 의하면, '都'자가 들어간 문장은 모두 다 우향 관할규칙으로써 통일된 설명을 할 수가 있다. 전통적으로는 '都'가 왼쪽의 복수 성분을 총괄한다고 보았는데, 그 예는 다음과 같다.

    a. 他们都是老师。　그들은 모두 선생님이다.
    b. 大伙儿都同意。　모두가 다 동의한다.

과거에 통용되던 해석은 집합 '他们(그들)'과 집합 '大伙儿(모두)' 내부 구성원의 차이를 간과하고, 이들을 모두 똑같은 것으로 간주하여서, '他们'과 '大伙儿'이 모두 각각 '老师'와 '同意'의 특성을 갖고 있는 것으로 보았다. 반면, 우향 관할규칙의 해석은 집합 '老师'와 집합 '同意' 내부 구성원의 차이를 간과하고서, 어떤 선생님이든 모두 '老师'로 보았다. 또 억지로 동의하든 기본적으로 동의하든 완전히 동의하든, 또 가장 먼저 동의하든 그 다음 이어서 동의하든, 가장 나중에 동의하든 모두 '同意'라고 보았다. 두 해석 중에 후자는 전자와 사실 대등한 것이고, 나아가 '都'의 통사 관할역에 의거하여 '都'의 의미 한정역을 확정함으로써 문장 본래의 초점구조(오른쪽의 '老师'와 '同意'는 각각 명사와 동사이지만 모두 문장의 자연적 초점이다)를 지켰다.

우향 관할규칙은 또 좌향 계량화 규칙으로 해석했을 때 부자연스럽거나 해석이 불가능한 문장들도 해석이 가능하게 하였다. 예를 들어 '一锅饭都煮糊了(밥 한 솥이 온통 죽이 되었다)'의 경우, 왼쪽에 전칭 계량화역을 하나 보충하게 되면 문장이 매우 부자연스럽다. 왜냐하면 '一锅饭(밥 한 솥)'은 본래 하나의 전체로서 이해되기 때문에 전체를 총괄할 필요가 없지만, '煮糊(죽이 된)'의 여러 가지 정도에 대해서는 오히려 총괄이 필요하기 때문이다. 다시 예를 들어 보자.

> a. 两个题目相同。
>   두 개의 제목이 서로 같다.
> a'. *两个题目都相同。 (除非理解为逐字相同)
>   *두 개의 제목이 모두 서로 같다. (글자 한자 한자가 서로 같은 것으로 이해되는 경우를 제외하고는 이 문장은 성립하지 않는다)
> b. 三个题目相同。
>   세 개의 제목이 서로 같다.
> b'. 三个题目都相同。
>   세 개의 제목이 모두 서로 같다.

'两个(두 개)'와 '三个(세 개)'는 똑같이 복수인데, 왜 b'는 성립하고 a'는 성립하지 않을까? 그 이유는 갑, 을, 병 세 개가 있어야 '갑과 을의 동일함'이나 '을과 병의 동일함', '병과 갑의 동일함' 사이의 차이를 간과하였다고 말할 수가 있기 때문이다. 만약 갑과 을 둘만 있는 경우라면, '갑과 을의 동일함'과 '을과 갑의 동일함' 사이에는 간과해도 되는 어떠한 차이를 논할 수 없기 때문이다. 이는 우향 관할규칙으로 밖에는 설명할 수가 없다.

또 아래 한 쌍의 예문을 살펴보자.

> a. 他都买呢子的衣服。
>   그는 모두 모직으로 된 옷을 샀다.

b. 他都买的呢子衣服。
   그는 모두 모직 옷을 샀다.

통일된 '우향 관할규칙'은 이 두 문장의 의미 차이에 대해 간결하고 정확한 해석을 할 수 있다. a문장에서 '都'의 관할역은 넓은 것도 있고 좁은 것도 있다. '他都干什么?(그는 (모두) 뭘 합니까?)'라는 물음에 대답할 때, 문장의 초점은 '买呢子的衣服(모직 옷을 산다)'이다. 이때 '都'는 넓은 구역을 관할한다. 하지만 '他都买什么?(그는 모두 무엇을 삽니까?)'라는 물음에 대답할 때는 '呢子衣服(모직 옷입니다)'가 초점이 된다. 이때는 '都'가 좁은 구역을 관할한다.[27] 이 두 문장의 차이를 보면, b문장은 '他都干什么?'의 대답으로 쓰일 수 없다는 것이다. 왜냐하면 '买的呢子衣服' 형식(화제 '买的'+설명 '呢子衣服')은 이미 그가 한 일이 물건 구매라는 것을 전제로 하므로, 초점은 '呢子衣服'에만 국한되기 때문이다. b문장의 초점은 그가 산 물건에 있기 때문에, 그가 산 것은 단지 모직 옷뿐이라는 의미를 이해하기가 쉽다. 반면, a문장의 초점은 물건 외에 그가 한 행위에 있을 수도 있기 때문에, 그가 산 것이 단지 모직 옷뿐이라고 이해하기가 쉽지 않다. '呢子衣服'에 '배타성'이 있는지의 여부로써 두 문장의 의미 차이를 구분하는 것은 정확하지가 않다. b문장은 다른 것을 샀다는 것을 절대적으로 배제하지는 못하고, 단지 산 것이 모직 옷일 뿐이라는 '가능성이 높다'는 것을 나타낼 뿐이다. 이를 증명한 예가 있다.

他都买的呢子衣服，除了一件纯棉的。
순면으로 된 옷 한 벌을 제외하고, 그는 모두 모직 옷을 샀다.

---

27) 저자주 : 관할역이 더 좁은 경우도 있는데, '他都买什么样的衣服?(그는 모두 어떤 옷을 샀나요?)'라는 질문에 대답을 할 때 문장의 초점은 '呢子的(모직으로 만들어진 것)'에 있다.

'买的只是(呢子衣服)(그가 산 것은 단지 (모직 옷)뿐이다)'라는 배타적 의미는 회화에서 협력의 원리(The Cooperative Principle, Paul Grice, 1913-1988)[28] 중 양의 격률(The maxim of quantity, Grice 1975)을 근거로 유추한 대화함축의미(conversational implicature)[29]이다. 이는 화용론에 속하는 것으로, 언어 환경과 전후 문맥에 따라 취소가 가능(defeasible)한데, 문장에서 뒤의 '除了一件纯棉的'가 바로 이 대화 함축의미를 취소시키는 전후문맥이 된다.[30] 따라서 정확하게 말하면, a와 b 두 문장의 의미 차이는, 단지 b문장은 '都'의 관할 범위에서 넓은 구역인 '买呢子衣服'를 배제함으로써 '买的只是呢子衣服'라는 화용 함축의미의 취소를 더욱 어렵게 만든 것뿐이다.

요컨대, 인도유럽어의 영향에서 벗어나 중국어의 개성을 중시해야, 전칭양화라는 논리의 의미를 '하나의 선형 순서에 반영'하였을 때, 비로소 중국어는 아주 단순한 방안을 사용한다는 것을 분명하게 알 수 있다. 단순한 방안이란, 중국어 부사 '都'는 오른쪽에 그 관할을 받는 것이 사물을 대표하는 명사이거나 사건을 대표하는 동사이거나 상관없이 모두 통일된 우향관할 규칙이 적용된다는 것을 말한다. 이것은 중국어가 영어 등 인도유럽어와 다른 설계 특징(design feature)이다.

---

28) 역자주 : 영국의 언어철학자, 분석 철학자. 일상 대화를 바탕으로 협력의 원리를 제시하여 화용론의 발전에 기여. 그가 주창한 협력의 원리 안에는 양의 격률(The maxim of quantity), 질의 격률(The maxim of quality), 관련성의 격률(The maxim of relevance), 그리고 태도의 격률(The maxim of manner)이라는 네 가지 원칙이 있다.

29) 역자주 : 화용론적인 의미의 일종으로, 화자가 발화한 언어표현은 항상 문자적 의미만 전달하지는 않고 언어 외적으로 화자의 의도를 전달하기도 하는데, 이러한 함축의미는 협력의 원리에 근거한 유추를 통해 파악할 수 있다.

30) 저자주 : 양의 격률(maxim of quantity)은 협력의 원리에서 출발하여 회화에서 많지도 적지도 않는 적합한 양의 정보를 제공해야 한다는 것을 말한다. 제공된 정보는 충분해야 하므로, '老王有三个孩子(왕씨는 아이가 세 명 있다)'라는 말을 들었을 때, 청자는 '老王只有三个孩子(왕씨은 아이가 세 명밖에 없다)'라는 넌지시 내재된 의미를 유추해 낼 수 있다. 넌지시 내재된 이런 의미는 '老王有三个孩子, 其实还不止三个(왕씨는 아이가 세 명 있는데, 사실은 셋에서 그치지 않는다)'에서 보는 바와 같이 제거될 수 있다.

3. 명동사(名动词) 문제

명동사는 명사의 성격을 겸유한 쌍음절 동사, 즉 '研究(연구/연구하다), 调查(조사/조사하다), 准备(준비/준비하다)' 등과 같은 명동겸류사이다.(朱德熙 1982, 1985a, 1985c) 명동사의 설정은 중국어문법 연구에서 두 가지 해결하기 어려운 문제를 야기한다.

하나는 범위 확정이 어렵다는 것이다. 朱德熙가 제시한 명동사의 문법적 특징이나 판별 기준은 다음 내용을 포함한다.

① 동사 '有(있다/가지다)'의 목적어가 될 수 있다.
② 형식동사 '进行(진행하다), 加以(…을 더하다), 给予(주다), 予以(…을 주다), 作(만들다/하다)' 등의 목적어가 될 수 있는데, 형식동사의 목적어가 되면 더 이상 부사의 수식을 받지 않고 목적어를 가질 수 없으며, 일부는 또 수량사 혹은 수량구의 수식을 받을 수 있다.
③ '的'의 추가 없이 명사를 직접 수식할 수 있다.
④ 명사의 직접 수식을 받을 수 있다.
⑤ 병렬을 할 때에는 '和(와/과)'가 아닌 '并(또한/아울러)'만을 사용하여 연결할 수 있다.

만약 각 조항의 기준을 전부 다 만족시킨다면, 명동사의 범위는 아주 작아질 것이다. 하지만, 만약 한 가지 조항만 만족시켜도 된다면, 명동사의 범위는 역으로 상당히 커질 것이다.

명동사의 설정으로 야기된 또 하나의 해결하기 어려운 문제는 이론적 자기모순과 체계의 전후 불일치를 야기한다는 것이다. (이 책 제 1장 겸류사(兼类词) 부분 참조)

명동사의 설정은 영어 V-ing 형식에 대한 중국어문법 연구에서의 유추를 반영하였다. Jens Otto Harry Jespersen(1860-1943)은 영어 동사의 V-ing형식을 동사와 명사의 이중성을 겸유하는 동사와 명사의 혼혈아에 비유하였다. 예는 다음과 같다.

    Brown deftly painting his daughter is a delight to watch.
    브라운이 능숙하게 그의 딸을 그리는 것을 보는 것은 즐거운 일이다.
    Brown's deft painting of his daughter is a delight to watch.
    브라운의 능숙한 딸 그림을 보는 것은 즐거운 일이다.

  V-ing 형식인 painting은 앞 문장 속에서 부사 deftly의 수식을 받고, 목적어 his daughter를 가지므로 동사의 성질을 나타낸다. 아래 문장 속에서 painting은 세 개의 관형어 Brown's, deft 그리고 of his daughter의 수식을 받으므로 명사의 성질을 나타낸다.

  朱德熙는 중국어의 명동사도 이와 '유사한 현상'이며, 나아가 아래의 구조에서 명동사는 동사일 수도 있고, 명사일 수도 있는 중의구조로 보았다.

  没有研究$_N$ (没有历史研究 / 没有一些研究)
  연구가 없다 (역사 연구가 없다 / 약간의 연구도 없다)
  没有研究$_V$ (没有马上研究 / 没有研究文学)
  연구하지 않았다 (곧바로 연구하지 않았다 / 문학을 연구하지 않았다)
  调查$_N$很重要 (彻底的方言调查很重要)
  조사는 매우 중요하다 (철저한 방언 조사는 매우 중요하다)
  调查$_V$很重要 (彻底地调查方言很重要)
  조사하는 것은 매우 중요하다 (철저하게 방언을 조사하는 것은 매우 중요하다)

  이 분석에 따르면, '去很重要'와 '没发现跳' 등도 역시 중의구조가 된다.
(沈家煊 2016)

去N很重要(刘玄德的第三次去很重要)

가는 것은 매우 중요하다 (유현덕의 세 번째 걸음은 매우 중요하다)

去v很重要(接二连三地去茅庐很重要)

가는 것은 매우 중요하다 (두 번 세 번 연이어 초가집으로 찾아가는 것은 매우 중요하다)

没发现去N (没发现刘玄德的第三次去)

가는 것을 발견하지 못했다 (유현덕의 세 번째 걸음을 발견하지 못했다)

没发现去v (没发现接二连三地去茅庐)

가는 것을 발견하지 못했다 (두 번 세 번 연이어 초가집으로 찾아가는 것을 발견하지 못했다)

跳N很严重(富士康的第十一跳很严重)

투신은 매우 중요하다 (폭스콘의 열한 번째 투신은 매우 중요하다)

跳v很严重(连续不断地跳高楼很严重)

뛰어내리는 것은 매우 중요하다 (연속하여 끊임없이 고층 건물에서 뛰어내리는 것은 매우 심각하다)

没发现跳N(没发现富士康的第十一跳)

투신을 발견하지 못하였다 (폭스콘의 열한 번째 투신을 발견하지 못하였다)

没发现跳v(没发现连续不断地跳高楼)

뛰어내리는 것을 발견하지 못하였다 (연속하여 끊임없이 고층건물에 뛰어내리는 것을 발견하지 못하였다)

그런데 '명동분립' 구조 안에서 '去'나 '跳'와 같은 단음절 동사는 명사가 아닌 동사이며, '명동사'에 속하지도 않기 때문에, '去'나 '跳'가 이미 명사화되었다고 말하는 것에 대해서도 朱德熙는 극력 반대하였다. 왜냐하면 간결원칙에 위배되기 때문이다. 다시 말해 朱德熙의 문법체계 안에는 "동사는 주어나 목적어가 되었을 때도 여전히 동사이며, 명사화 되지 않는다(动词做主宾语的时候还是动词, 没有名词化)"와 "명동사는 명사와 동사 두 종류의 성질을 겸유하는 단어로, 영어 동사의 V-ing 형식과 유사하다(名动词是兼具名动两种性质的词, 类似于英语动词的V-ing形式)"라는 논단이 있다. 하지만,

이 두 가지 논단은 상호 모순된다.

영어에서는 V-ing 형식의 동원명사(动源名词)[31]나 동편명사(动偏名词)[32]를 분리하는 것이 합리적이다. 왜냐하면 복수 표기와 관사라는 두 형식은 명사의 범주에 직접 정의를 내리는 비교적 신뢰할 만한 형식적 기준이 되기 때문이다. 하지만 중국어에는 복수접미사와 관사가 없고, 수량사의 수식을 받는 것과 '的'을 동반하는 소유 관형어의 수식을 받는 것 등은 모두 명사 고유의 문법특성이 아니다. 동사도 이러한 문법특성을 가지기 때문이다. 영어와 중국어의 품사 구조는 다르기 때문에, 영어의 상황으로 유추하여 중국어를 연구하면 모순이 생길 수 있다.

제2절 비교법이 준수할 원칙

비교법을 사용할 때는 두 가지 원칙을 준수하여야 하는데, 하나는 '가능한 한 간결하게 하는 것'이고, 다른 하나는 '주된 것과 부차적인 것을 분명하게 구분하는 것'이다.(沈家煊 2017d) '가능한 한 간결하게 하는 것'이란 바로 해석의 과정을 지나치게 많이 생성하지 말라는 것을 뜻한다. '위대한 도리는 지극히 간단하다(大道至简)'라는 말과 같이 과학적 이치는 분명히 단순하고 간단하다. 이 원칙 앞에서는 선험적인 이론과 가설도 모두 포기할 수 있는데, 왜냐하면 그것은 모든 학문영역과 학파 위에 군림하기 때문이다. '주된 것과 부차적인 것을 분명하게 구분하는 것'이란 바로 편향된 한 가지 측면을 가지고 전체를 개괄하지 말라는 것을 뜻한다. 해석의 과정을 과도하게 생성하는 것과 부분으로 전체를 개괄하는 것은 늘

---

31) 역자주 : 동사에 근원을 둔 명사.
32) 역자주 : 동사에 편향된 명사.

함께 연결되어 있다. 해석의 과정을 과도하게 생성하면 종종 부분으로 전체를 개괄하게 되고, 부분으로 전체를 개괄하려하다 보면 결국 과정이 지나치게 많아지게 된다.

간결성 원칙은 지고지상의 원칙이다. 그런데 유추법(比附法)은 해석과정의 과도한 생성으로 인해 간결성 원칙에 어긋난다. 예를 들어, 품사를 구분하는 목적은 같은 부류의 단어들을 함께 묶어 문법을 쉽게 설명하기 위한 것이므로, '가능한 한 간결하게 하는 것'은 분명 문법 설명을 위한 일종의 '편리한 방법'이다. 동사가 주어나 목적어로 쓰일 때, 많은 사람들이 영어를 근거로 유추하여 동사가 명사로 품사전환을 하였다고 말하는 것과 같다. 그러나 중국어의 동사는 거의 모두 주어나 목적어가 될 수 있으므로, 동사가 주어나 목적어가 되었을 때 명사로 바뀌었다고 하는 것은 간결성 원칙에 위배된다. 朱德熙(1985a)는 천지개벽 전 혼돈의 상태를 여는 것처럼, 문법연구, 특히 문법체계를 세우는 데 있어서, '간결성'이 '엄밀함'과 동등하게 중요하다는 것을 처음으로 명확하게 제기하였다. 이는 언어학자의 과학적 정신을 충분히 보여준다. 이전의 중국어문법 연구체계에서는 동사가 직접 주어나 목적어가 될 수 있는 현상에 대해 두 가지 가설이 있었다. 하나는 동사는 술어는 되지만, 주어나 목적어는 되지 않는다는 것이고, 다른 하나는 동사가 주어나 목적어가 될 때, 동사에서 명사로 바뀌고 제로형식의 명사화가 발생한다는 것이다. 朱德熙는 '오캄의 면도날(Occam's razor)'[33](단순성의 원칙)을 들고서 단 하나의 가설만 필요하다고

---

33) 역자주 : 어떤 사실 또는 현상에 대한 설명들 가운데 논리적으로 가장 단순한 것이 진실일 가능성이 높다는 원칙을 의미한다. 건전한 추론을 위한 방법론으로서, 단순성의 원칙(The Principle of simplicity) 또는 논리절약의 원칙(The Principle of parsimony)으로도 지칭된다. 오컴의 면도날은 흔히 경제성의 원리(Principle of economy)라고도 부른다. 오컴의 면도날을 간단하게 설명하자면, 어떤 현상을 설명할 때 불필요한 가정을 해서는 안 된다는 것이다. 현대적으로 번역하자면, '같은 현상을 설명하는 두 개의 주장이 있다면, 간단한 쪽을 선택하라'는 뜻이다. 여기서 면도날은 필요하지 않은 가설을 잘라내 버린다

생각했는데, 그것은 바로 동사는 술어가 될 수도 있고 주어나 목적어도 될 수 있다는 것이다. 그는 또 "구가 문장에 들어가면 문장성분으로 '용해된다'"는 가설을 버리고, 중국어는 '구 본위'를 문법체계로 한다"는 체계를 만들었다. 이 체계가 전통적인 문장 본위의 문법체계에 비해 나은 점이 있다면, 그것은 비교적 간결하다는 것이다. 朱德熙의 이러한 문법 체계도 바로 자신이 말한 바와 같이 후인들에 의해 수정되고 심지어 대체될 가능성이 크지만, 그가 제창한 '엄밀함'과 '간결함'의 과학정신은 영원히 남을 것이다. 그의 이론에는 틀림없이 보통 사람들을 뛰어넘는 참된 지식과 뛰어난 식견이 담겨 있으며, 그의 저작은 오랜 세월동안 후인들에게 참고가 되고 인용될 것이다.(沈家煊 2017d 참고)

유추법은 또 주된 것과 부차적인 것을 구분하지 않고, 부분으로 전체를 개괄한다. 예를 들어, '중국어는 영어와 달리 명사원형이 직접 주어와 목적어가 될 수 있다'라는 사실에 근거한 주장에 대해, 혹자는 영어에도 명사원형이 주어나 목적어가 되는 현상이 있다고 반박한다. 이것이 바로 주된 것과 부차적인 것을 구분하지 않은 전형적인 경우이다. 버거킹(Burger King)의 광고 문구인 Taste is King과 같은 사례가 영어에도 분명히 있지만, 이는 부차적이고 특수하며 개별적인 사례이다. 중국어처럼 주요하고 일반적이며 전체적인 현상은 아니다. 바로 이러한 주된 것과 부차적인 것의 차이로 인해, 중국인이 영어를 배우면서 가장 흔히 범하는 오류가 명사 앞에 관사를 빠뜨리는 것이고, 외국인이 중국어를 배울 때 명사원형을 사용하는 데 습관이 되지 않아, '我背起书包回家(나는 책가방을 메고 집으로 돌아간다)'고 말하지 않고, '我背起我的书包回我的家(나는 나의 가방을 메고 나의 집으로 돌아간다)'라고 말한다. 또 다른 예를 들면, '중국어 동사는 명사화하

는 비유이며, 필연성 없는 개념을 배제하려 한 '사고 절약의 원리(Principle of Parsimony)'라고도 불리는 이 명제는 현대의 과학 이론을 구성하는 기본 지침이 되었다. 『위키백과』.

지 않아도 주어나 목적어가 될 수 있다'는 주장에 대해, 지금도 어떤 학자는 영어에도 형태변화 없이 명사가 되는 work, strike, look 등과 같은 동사가 있기 때문에, 중국어 동사는 주어나 목적어가 될 때 제로형식으로 명사화를 실현하는 것이라고 반박한다. 이 역시 주된 것과 부차적인 것을 구분하지 않는 것으로, 영어 동사는 그러한 경우가 극소수에 불과하지만, 중국어는 거의 모든 동사가 모두 그렇다는 것을 홀시한 것이다. 주된 것과 부차적인 것을 구분하지 않았기 때문에, 불필요한 해석을 과도하게 만들어냈다. 영어에도 동사의 명사화가 있고, 중국어에도 제로형식으로 형식만 다를 뿐, 마찬가지로 동사의 명사화가 있다는 것이다. 따라서 주된 것과 부차적인 것을 분명하게 구분하는 것이, 이치는 간단하지만 실행하기에는 어려워 우를 범하기가 쉽다.

훌륭한 문법연구는 항상 간결성 원칙을 준수함과 동시에, 주된 것과 부차적인 것을 명확하게 구분해야 한다. 沈家煊(2015a)은 영어의 동사형식과 V-ing형식의 분리와 합병 상황을 예로 들어 이를 설명하였다.

전통적인 영어문법 체계에서 동사에서 분류한 '형태류(form class)'는 최소한 30개 이상이다. 이렇게 많은 종류로 분류하는 것이 라틴어와 같이 동사의 형태 변화가 매우 풍부한 언어에는 필요하겠지만, 현대 영어에서는 번잡하고 혼란스러워 영어 현상에 대한 심각한 곡해를 낳을 수 있다. 왜냐하면 영어 동사의 굴절형태가 장기간의 역사적 변화를 거치면서 이미 상당히 붕괴되어 간단하게 변했기 때문이다. 2002년 출판된 『Cambridge English Grammar』는 영어 동사를 분류할 때, 동일한 형식들은 합병을 거쳐, 동사원형(take, want, hit), 현재시제 3인칭 단수형(takes, wants, hits), 과거시제형(took, wanted, hit), 동명사－현재분사형(taking, wanting, hitting), 과거분사형(taken, wanted, hit)의 몇 가지 형태로만 분류하고 있다. 동일한 형태로 합병하는 원칙에는 두 가지가 있다. 첫째는 엄격한 형태 구별이 없으면 서로 다른 형태로 분류하지 않는다는 것이고, 둘째는 개별적인 형태 구별을 전체로 확대하지 않는다는 것이다. 이 두 가지 원칙은 각각 '가능한 한 간결하게 한다'는 것과 '주된 것과 부차적인 것을 명확하게 구분한다'는 것을 보여준다.

영어 V-ing 형식의 분리와 결합도 이 두 원칙을 나타낸다. 전통적인 영문법에서 동명사와 현재분사는 두 종류로 구분한다. 그러나 『Cambridge English Grammar』(2002년)에는 이 둘을 V-ing 형식이라고도 불리는 동명-현재분사형 하나로 합병하였다. 그 이유는 무엇일까? 원래 두 가지 유형으로 나눈 목적은 V-ing 형식의 명사성 또는 동사성 강약의 차이, 즉 동명사는 명사성이 강하고 현재분사는 동사성이 강하다는 것을 설명하기 위해서였다. 그런데 영어의 실제 상황에서는 이러한 강약의 정도 차이가 연속적이고, 또 매우 복잡하여 분명하게 나누어지지도 않고 완전히 나눌 수도 없어, 동명사와 현재 분사 사이에는 엄밀하고 체계적인 차이가 존재하지 않는다. R. Quirk 등의 『A Grammar of Contemporary English』에서는 painting이란 단어를 예로 들어 14개 용례를 열거하면서 이 점을 설명하고 있다. 결국 전통적인 영문법에서부터 『A Grammar of Contemporary English』까지, 그리고 또 『Cambridge English Grammar』에 이르러 영문법 학자들은 V-ing 형식의 분류에 힘을 쏟은 의미가 크지도 않고, 오히려 영어문법에 불필요한 복잡함(unmotivated complication)을 초래하여 문법연구에 혼란을 가져왔음을 인식하게 된다. 요컨대, 전통문법부터 『Contemporary English Grammar in Detailed Explanations』와 『Cambridge English Grammar』에 이르기까지 V-ing 형식에 대한 분리와 합병 추세는 동사형식의 분리와 합병과 마찬가지로 '분리(分)'를 중시하던 것에서 '합병(合)'을 중시하는 것으로 바뀌는 추세인데, 그 배후의 논리 역시 '가능한 한 간결하게 한다'는 것과 '주된 것과 부차적인 것을 분명하게 구분한다'는 것이다.

중국어 문법학계에서는 많은 사람들이 전통적인 영문법에서 명사와 현재분사를 구분하는 것에서 유추하여, 중국어 동사(물론 동사성 또는 명사성의 강약 차이는 있다)도 서로 다른 형식으로 분류하였다. 예를 들면, 윗글에서 말한 바와 같이 명사성이 강한 명동사를 분류하여 동사에 대해 명사성이나 동사성의 강약 차이를 개괄하고자 하였으나, 결과는 좋지 않았다. 이들은 분명히 나누어지지도 않았으며, 나누는데도 끝이 없었다.(沈家煊, 2012b) 이러한 현상이 나타난 이유는 영문법 학자들이 V-ing 형식에 대해 일찌감치 '분리(分)'를 포기하고, '합병(合)'을 취했다는 것과 '분리에서 합병하기로'라는 추세의 배후에 있는 방법론적 근거를 중국어 문법학계가 몰랐기 때문이다. 따라서 유추법은 표면에서 떠돌기만 하고 과학적이지도 못한 채, 언제나 '가능한 한 간결하게 한다'는 원칙을 홀시한다. 반면, 중국어 '명농포함' 구조는 '가능한 한 간결하게 한다'와 '주객을 구분한다'는 방법론 원칙에 대한 실천이다.

제
5
장

사실과
어감의
존중

사실과 어감의 존중

문법연구를 할 때는 반드시 언어 사실과 사람들의 어감을 존중해야 한다. '명동포함' 구조는 바로 중국어에 존재하는 다량의 비대칭분포(Skewed distribution)라는 언어 사실을 바탕으로 제기되었다. 어감의 존중은 평행성 원칙에 대한 중시와 응용에서 집중적으로 나타난다.

제1절 비대칭 분포의 언어 사실

명사와 동사의 비대칭 분포는 중국어의 실제이다. 또, 이는 '명동분립'이라는 인도유럽어의 중요한 사실과는 다른 중국어의 중요한 특징이기도 하다. 명사와 동사의 비대칭 분포는 중국어 품사가 '명동포함'구조라는 것을 충분히 설명해준다.

'비대칭 관계(skewed relation)'는 '왜곡관계(扭曲关系)' 또는 '들쭉날쭉한 관계(参差关系)'라고도 하는데, 이는 赵元任(1968 : 11)과 Chao(1959a)에서 이미 여러 차례 언급된 바 있다. 이는 일종의 대응이면서, 비대응의 관계이다. 갑(甲)은 A에만 대응되고, 을(乙)은 B에만 대응되면, 이는 일대일 대응관계이다. 비대칭 관계는 갑은 A에 대응되지만, 을은 B와 A에 모두 대응되는 관계로, 유사 포함관계를 말한다. 沈家煊(2016)은 중국어 명사와 동사의 다섯 가지 비대칭 분포 양상을 열거하였는데, 이를 간단히 소개하면 다음과 같다.

첫째, 명사는 주어, 목적어가 되지만, 일반적으로 술어가 되지는 않는다. 하지만 동사는 술어도 되고, 주어와 목적어도 된다.

명사와 동사가 문장성분이 될 때 존재하는 이러한 비대칭 관계에 대해서, 朱德熙(1985a : 4)는 이미 명확하게 밝힌 바 있다.(3.1절 참조) 그 밖에 方梅(2011)는 동사가 주어나 목적어가 될 때, 명사와 마찬가지로 '这'를 사용하여 지칭을 강조할 수 있다는 새로운 사실 하나를 제기하였다.

我这**头痛**也有好多年了。 나는 이 **머리가 아픈 것**도 꽤 여러 해 되었다.	我这**头痛病**也有好多年了。 나는 이 **두통(병)**도 꽤 여러 해 되었다.
我就佩服他这**吃**, 他可是太能吃了。 나는 정말 그의 이 **먹는 것**에 탄복할 따름이다. 그는 정말 너무 잘 먹는다.	我就是佩服他这**饭量**, 他可是太能吃了。 나는 정말 그의 이 **식사량**에 탄복할 따름이다. 그는 정말 너무 잘 먹는다.

그는 동사가 주어와 목적어가 되는 것이 특수한 현상이 아니라, 동사 자체의 문법기능이라는 것을 설명하였다.

둘째, 명사를 수식하는 데 일반적으로 부사가 아닌 형용사를 사용하지만, 동사를 수식하는 데는 부사와 형용사를 모두 사용한다.

이러한 비대칭 분포는 중국어의 형용사는 관형어와 부사어로 모두 사용될 수 있는 반면, 부사는 단지 부사어로만 사용될 수 있고, 관형어가 될 수는 없다는 점을 결정하였다. 예를 들어, '快车(빠른(급행) 차)'와 '快走(빨리 간다)'에서 형용사 '快(빠르다)'를 보면, '快车'에서는 명사 '车(차)'를 수식하는 관형어가 되고, '快走'에서는 동사 '走(가다)'를 수식하는 부사어가 된다. 이것은 인도유럽어의 형용사가 일반적으로 관형어로만 쓰일 수 있는 것과는 다르다.

글로 쓸 때에는 '的', '地' 두 글자의 분포도 비대칭 분포를 보인다. '的'는 관형어의 표기이기도 하고, 부사어의 표기이기도 하다. 예를 들면, '我真的很爱你(나는 정말로 너를 매우 사랑한다)와 '这件事十分的容易(이 일은 대단히 쉽다)'가 그러하다. 그러나 '地'는 단지 부사어의 표기일 뿐이어서, '漂亮的衣服(예쁜 옷)'라고 쓸 수는 있어도, '漂亮地衣服'라고 쓸 수는 없다. 다시 呂叔湘·朱德熙(1979)가 든 예를 살펴보자.

中国人民解放军的迅速(的、地)转入反攻, 使反动派惊惶失措。
중국인민해방군이 신속하게 반격으로 전환한 것은 반동파로 하여금 놀라 어찌할 바를 모르게 하였다.
个别系统和单位只注意孤立(的、地)抓生产而忽视了职工生活。
개별 부문과 회사는 오로지 생산에만 주의를 기울일 뿐, 직원들의 생활은 등한시 하였다.

그들은 책에서 "혹자는 '的' 한 글자만 사용하기도 한다"라고 하였다. 朱德熙(1985a : 45-46)의 예를 들어보자.

周密的想法(定语)
주도면밀한 생각(관형어)
周密的调查一下 / 周密的调查这里的情况 / 已经周密的调查过了(状语)
좀 주도면밀하게 조사해라/이곳의 상황을 주도면밀하게 조사한다/이미 주도면밀하게 조사하였다(부사어)
进行周密的调查(定语)
주도면밀한 조사를 진행하다(관형어)
周密的调查很重要(定语/状语)
주도면밀한 조사는 매우 중요하다.(관형어)
주도면밀하게 조사하는 것은 매우 중요하다.(부사어)

관형어와 부사어 뒤에는 모두 '的'를 사용한다. 呂叔湘(1981)은 글을 쓸 때는 일부러 '的'와 '地'를 분리한다고 했는데, 이러한 분리는 사실 '5.4' 이후 '주로 번역상의 필요에 의해서' 그렇게 한 것으로, 서양 언어의 영향을 받았기 때문이라고 하였다. 초기 백화문을 보면, 『水滸傳』에서는 기본적으로는 '的'만 사용하고, 일부 몇 군데만 '地'를 사용하였다. 그리고 『红楼梦』과 『儒林外史』에서는 전부 '的'를 사용하고 있다.

이러한 비대칭 분포와 '명동포함'은 직접적인 관련이 있다. 형용사는 명사의 수식어이고 명사는 동사를 포함하는데, 동사가 명사의 하위 부류이기 때문에 형용사는 동사도 수식할 수 있다. 그러나 부사는 동사의 수식어이므로 동사만 수식할 수 있다.

셋째, 명사를 부정할 때는 일반적으로 '不'를 사용하지 않고, '没'를 사용한다. 하지만 동사를 부정할 때는 '不'와 '没'가 모두 사용된다. 문어체에서 명사를 부정할 때는 '无'를 사용하고, '未'는 사용되지 않는다. 하지만 문어체에서 동사를 부정할 때는 '未'와 '无'가 모두 사용된다.

*不车 / 没车 차가 없다	*未车 / 无车 차가 없다
不去 / 没去 가지 않다 / 가지 않았다	未回 / (有去)无回 아직 돌아오지 않다 / (가서) 돌아오지 않다

바꾸어 말하면, '没'와 '无'는 동사를 부정할 수도 있고, 명사를 부정할 수도 있는데, 이는 영어에서 not이 동사를 부정하고, no가 명사를 부정하는 것과 같은 일대일 대응과는 다르다. 이러한 비대칭 분포도 역시 '명동포함' 구조와 직접적인 관련이 있다. 이에 대해서는 뒤에서 다시 자세히 설명할 것이다.

넷째, 명사를 연결할 때는 '和'를 사용하고, '并'은 일반적으로 사용하지 않는다. 하지만 동사를 연결할 때는 동사가 단음절이든 쌍음절이든 상관없이 '并'과 '和'가 모두 사용된다. 예를 들어보자.

我们要**継承**和**发扬**革命的优良传统。
우리는 혁명의 우수한 전통을 계승하고 발양하여야 한다.
中央的有关文件, 我们正在认真地**学习**和**讨论**。
중앙의 관련 문서를, 우리는 지금 열심히 학습, 토론하고 있다.
多余的房子只能**卖**和**出租**。
남는 집은 팔거나 임대할 수밖에 없다.
老师讲的你要认真地**听**和**记**。
선생님께서 설명하시는 것을 너는 열심히 듣고 기록하여야 한다.

근대 중국어의 '和'도 마찬가지이다.(崔山佳 2013 : 346-364에서 재인용)

野草凡不凡, 亦应生**和**出。(唐·苏拯 [凡草戒])
들풀은 평범하든 평범하지 않든, 또 생기고 자라야 한다.
容颜醉, 厮[34]**和**哄, 一齐拼却醉颜红。(明·范受益 [寻亲记])
얼굴에 취기가 도니, 서로 훈계하고 소리 지르다가, 다함께 기꺼이 취하니 얼굴이 온통 불그스름하다.
魂**和**梦, 思**和**想, 都做了泣凤哀猿。(明·高濂 ≪玉簪记≫)(此例连接名词和连接动词并列, 更说明问题)
혼과 꿈, 그리워하는 것과 생각하는 것 모두 봉새를 흐느껴 울게 하고 원숭이를 애달프게 하네. (여기에서는 명사를 연결하고, 동사를 연결하여 병렬함으로써 문제를 더욱 잘 설명하였다)

영어의 명사와 동사는 병렬할 때 모두 and를 사용하므로, 마치 영어는

---

34) 역자주 : 厮(훈계하다. 잡도리하다(요란스럽게 닦달하거나 족치다))와 의미가 통함. 『康熙字典』 '厮' 조(条) : "撕와 통용되기도 한다. 『집운』에 撕는 厮로도 쓴다(又与撕通。『集韵』撕, 亦作厮。"라고 함.

명사와 동사를 구분하는 데 민감하지 않고, 반대로 중국어는 민감한 듯 보인다. 하지만 사실은 그렇지 않다. 영어와 중국어의 가장 중요한 차이는, 영어의 명사와 동사는 병렬할 수 없지만, 중국어는 가능하다는 점이다. 예를 들면, '罪与罚(죄와 벌주는 것)'(하나는 명사, 하나는 동사)를 영어로 그대로 sins and punish라고 하면 자연스럽지 않다. 이는 sins and punishment(죄와 벌)라고 해야 하며, '傲慢与偏见(오만한 것과 편견)'(하나는 형용사, 하나는 명사)은 영어로 proud and prejudice가 아닌 pride and prejudice(오만과 편견)라고 해야 한다.

다섯째, 명사성 성분을 대체하는 것은 일반적으로 '怎么样(어떻다/어떠하다)'이 아닌 '什么(무엇/무슨/어떤)'를 사용한다. 반면, 술어성 성분을 대체하는 것으로는 '怎么样'과 '什么'가 모두 사용된다. '怎么样'은 술어성 성분만을 대체할 수 있지만, '什么'는 명사성 성분과 술어성 성분 모두를 대체할 수 있다. 아래는 朱德熙(2010 : 97)가 제공한 예문이다.

명사성 성분 대체	술어성 성분 대체
看什么? 看电影。 무엇을 봅니까? 영화를 봅니다.	看什么? 看下棋。 무엇을 봅니까? 장기 두는 것을 봅니다.
怕什么? 怕鲨鱼。 무엇을 두려워합니까? 상어를 두려워합니다.	怕什么? 怕冷。 무엇을 두려워합니까? 추운 것을 두려워합니다.
考虑什么? 考虑问题。 무엇을 생각합니까? 문제를 생각합니다.	考虑什么? 考虑怎么样把工作做好。 무엇을 생각합니까? 어떻게 하면 일을 잘 처리할까 생각합니다.
葡萄、苹果、梨, 什么都有。 포도, 사과, 배 모두 있습니다.	唱歌、跳舞、演戏, 什么都会。 노래, 춤, 연기 모두 뭐든지 할 수 있습니다.

위의 다섯 가지 비대칭 분포는 다음과 같이 개괄할 수 있다.

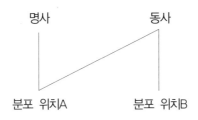

명사는 분포 위치 A에 대응하지만, 동사는 분포 위치 B와 분포 위치 A에 모두 대응한다. 동사가 분포 위치 A에 출현할 때는 분포 위치 B에 출현할 때의 형식과 마찬가지로 동사의 명사화가 불필요하다. 왜냐하면 동사는 명사가 가지고 있는 문법 성질을 모두 가지고 있지만, 그 역은 성립하지 않기 때문이다. 이것이 바로 '명동포함' 구조의 특징이다.

이러한 일련의 비대칭 분포는 중국어에서 '주어나 목적어가 될 수 있는지 여부', '관형어가 되는지, 부사가 되는지', '不'인지 '没'인지, '和'인지 '幷'인지, '什么'인지 '怎么样'인지 등의 수단들을 사용하여 하나의 어구가 명사성인지 아니면 동사성인지를 판단할 때, 우리는 그것이 동사성을 지니고 있지 않다는 것만 확신할 수 있을 뿐, 명사성을 지니고 있지 않다는 것을 단정할 수는 없음을 우리에게 알려준다. 중국어의 실사는 자연적으로 명사성을 지닌다. 이는 呂叔湘(1942/1982 : 234)이 "중국어의 명사 자체는 부정되지 않는다, 즉 단지 명사만을 부정하는 부정어는 없다"[35]라고 한 말의 의미를 어렵지 않게 이해할 수 있게 만든다. 또, 朱德熙·卢甲文·马真(1961), 朱德熙(1985a : 16)에서 중국어의 명사에 단지 명사만이 가지는 문법특징을 직접적으로 확정지을 수 없다고 한 말도 이해할 수 있게

---

35) 저자주 : '没车'는 사실 '没有车'이며, 이때 '没'가 부정하는 것은 동사 '有'이다.

된다. 왜냐하면, 명사의 문법특징이라고 하는 것은 동사도 모두 가지고 있기 때문이다. 동사처럼 술어가 되지 않는다는 명사의 문법특징은 사실 직접적이 아닌 간접적으로 말한 것이다.

제2절 구조의 평행성 원칙 운용

구조의 평행성은 朱德熙(1985a : 31)가 제기하고 중시한 이론이다. 朱德熙는 현지인의 어감은 구조의 평행성에서 온다거나 구조의 평행성은 현지인 어감의 표현이라고 말할 수 있으므로, 문법범주를 수립하고 확정할 때는 이 원칙을 지켜야 한다고 보았다. 沈家煊(2017b)은 한 걸음 더 나아가 문법체계를 구축할 때 형대류(品詞)의 분리와 합병, 문장성분류의 분리와 합병의 결정은 모두 구조의 평행성을 근거로 삼아야 함을 논증하였다. 그리고 구조의 평행성은 지엽적인 것이 아닌 큰 구도에서 착안해야 함을 중시하였다.

중국어에서 상용되는 세 개의 어휘 '是, 有, 在'의 문법성질에 대해서는 학자들마다 관점이 다르다. '是, 有, 在'가 뒤에 명사성 목적어를 가질 때에는 동사로 간주되지만, 뒤에 동사성 목적어를 가질 경우 혹자는 '是'는 어기부사로, '有'는 완성체 표기로, '在'는 부사 또는 조동사로 보았다. 沈家煊은 이에 대해 인도유럽어 시각의 지배를 받은 결과, 동사 뒤에는 명사성 성분만 올 수 있다는 관점에서 야기된 것이라고 지적하였다. 그러나 중국어 동사 뒤의 목적어는 명사성 성분일 수도 있고, 동사성 성분일 수도 있기 때문에, 목적어의 유형이 다르다고 해서 앞의 동사를 다른 것이라고 보아서는 안 된다. 朱德熙(1982)는 구조의 평행성 원칙을 통해 '是'와 '没(有)'는 모두 동사라고 판정하였다.

朱德熙(1982 : 105)는 '是'자의 통일된 문법 성질은 판단동사로, 강조의 역할을 한다고 주장하였다. 이 판단은 '他是买房子(그는 집을 산 것이다)'와 '他是买房人(그는 집을 산 사람이다)', '他想买房子(그는 집을 사려고 한다)'는 구조적인 평행성을 가지고 있지만, '他也许买房子(그는 아마도 집을 살 것이다)', '他反正买房子(그는 어쨌든 집을 산다)'('也许(아마도)'와 '反正(어쨌든)'은 어기부사이다)와는 서로 유사한 점이 많지 않다는 데 근거한 것이다.

A(긍정)	他是买房人 그는 집을 사는 사람이다	他想买房子 그는 집을 사려고 한다	他是买房子 그는 집을 사는 것입니다
B(부정)	他不是买房人 그는 집을 사는 사람이 아니다	他不想买房子 그는 집을 사려하지 않는다	他不是买房子 그는 집을 사는 것이 아닙니다
C(의문문)	他是不是买房人 그는 집을 사는 사람이죠	他想不想买房子 그는 집을 사려고 하죠	他是不是买房子 그는 집을 사죠
D(의문문)	他是买房人不是 그는 집을 사는 사람이죠	他想买房子不想 그는 집을 사려고 하죠	他是买房子不是 그는 집을 사죠
E(대답)	是－不是 예－아닙니다	想－不想 사려고 합니다－사려고 하지 않습니다	是－不是 예－아닙니다

'他也许\反正买房子(그는 아마도/어쨌든 집을 살 것이다/산다)'에는 B, C, D의 표현이 없다. 질문에 대답할 때는 단지 '也许(아마도)'로만 말할 수는 있으나, '不也许'라고는 말할 수는 없으므로, 평행성 원칙은 영향을 받지 않는다. 따라서 '他是买房子'의 '是'는 판단동사로 보는 것이 합리적이다. '구조의 평행성 원칙'으로 문장성분을 판단하는 것은 '간결성 원칙'에도 부합한다. 吕叔湘(1979 : 41, 81)도 '是'에 대해 강조의 기능을 하는 판단동사로 보아야 한다고 주장하였다.

朱德熙(1982 : 71)도 마찬가지로 '구조의 평행성' 원칙을 통하여 중국어 술어성 성분 앞의 '没'와 '没有'에 대해, 부사가 아닌 동사로 판단하였다. 그는 '没(有)孩子(아이가 없다)'와 '没(有)去(가지 않았다)'의 평행성을 예로 들었다.

A(긍정)	有孩子 아이가 있습니다	去了 갔습니다
B(부정)	没孩子 아이가 없습니다	没去 가지 않았습니다
C(부정)	没有孩子 아이가 없습니다	没有去 가지 않았습니다
D(의문문)	有孩子没有 아이가 있죠	去了没有 가셨죠
E(대답)	有-没有 있습니다-없습니다	去了-没有 갔습니다-가시 않았습니다

朱德熙는 "통상 체언성 성분 앞의 '没'와 '没有'는 동사이고, 술어성 성분 앞의 '没'와 '没有'는 부사이다. 사실 이 두 위치의 '没'와 '没有'의 문법기능은 아주 많은 부분에서 모두 평행하다"라고 하였다. 또한 그는 "A항만이 비평행(E항의 긍정형식도 비평행이나 이것은 A항과 같은 경우이다) 하지만, 일부 방언(광동어广东语와 민남어闽南语)에서는 '没有+동사'의 긍정형식이 공교롭게도 '有+동사'이다. 이 점을 고려한다면, 술어성 성분 앞의 '没'와 '没有'는 동사로 간주하는 것이 합리적이다"라고 설명하였다.

현대 중국어에서 '有' 뒤에는 일반적인 동사는 출현할 수 없고, 명동사(名动词)만이 출현할 수 있다. 예를 들면, '有研究(연구하였다/연구가 있다)'와 같은 경우이다.(朱德熙, 1982) 그렇지만 민남어와 광동어 등 여러 종류의 남방 방언에서 '有+V'는 흔히 보이는 문장 구조이고, 근래에는 이들 방언의 문장구조가 점차 보통화(普通话, 표준어)로 편입되기 시작하였다.(王玲 2011) '有+V'는 의미도 보통화의 'V了'와 대체로 유사하다.(王冬梅 2014) 예를 들어보자.

我有去。　　　　　　　　　　我去了。
나는 갔다(그는 간 사실이 있다).　나는 갔다.
他有说出打架的原因吗？　　　　他说出打架的原因了吗？
그가 싸운 원인을 말했습니까?　　그가 싸운 원인을 말했습니까?

'有'는 사물의 존재나 출현을 나타낼 수도 있고, 사건의 존재나 출현을 나타낼 수도 있다. 사물의 존재나 출현을 나타내는 '我有书(나는 책을 가지고 있다)'와 사건의 존재나 출현을 나타내는 '我有去(나는 갔다)' 중의 '有'는 모두 존재나 출현을 나타내는 동사, 즉 존현동사(存现动词)이다.

'在' 역시 마찬가지다. 구조의 평행성 원칙에 따르면, ~에 처하다. ~에 놓여있다(处在)'라는 의미를 나타내는 동사 하나만 인정해야한다. '他在厨房(그는 주방에 있다)'는 '그는 주방의 공간 안에 놓여 있다'는 것이고, '他在做饭(그는 밥을 짓고 있다)'는 '그는 밥을 짓는 과정(시간의 구간)에 처해 있다'는 것이다. 그 뒤에 목적어가 명사성이나 동사성에 상관없이, '在'는 모두 동사이다. 통사적으로 '在'는 일반 동사와 마찬가지로 여러 종류의 부사의 수식을 받을 수 있다. 예를 들면, '尚在沉吟(아직 주저하고 있다)', '又在下雨(또 비가 내리고 있다)', '也在纳闷(또 답답해 하고 있다)', '还在锄地(아직 김을 매고 있다)', '早在焦急(진작부터 초조해하고 있다)', '都在讲话(모두 이야기 하고 있다)', '正在推算(모두 궁리하고 있다)', '心里只在想着快乐(마음속으로는 즐거움만 생각하고 있다)' 등과 같다.(张劼 2011)

沈家煊(2017b)은 평행성 구도에서 착안하여, '是', '有', '在'를 함께 놓고 보면, 중국어 술어의 지칭성이 뚜렷이 드러난다고 지적하였다.

他(是)杀了一条耕牛。

그가 밭갈이 소 한 마리를 죽인 것이다.

他(有)杀过一条耕牛。

그는 밭갈이 소 한 마리를 죽인 적이 있다.

他(在)杀着一条耕牛呢。

그는 밭갈이 소 한 마리를 죽이고 있다.

이 세 개의 문장에서 '是, 有, 在'는 생략이 가능하지만, 강조할 때에는 출현할 수도 있다. 그러나 본질적으로 말하면, 강조는 곧 지칭성을 강화하는 것이다. 이른바, 지칭성을 강화한다는 것은 바로 대상을 지칭하는 식별가능도(약칭 가별도)를 제고하는 것으로, 그 실질은 화자가 청자로 하여금 이 지칭 대상을 식별하기 쉽게 함으로써, 그것을 다른 대상과 구별하게 하는 것이다.(沈家煊·王冬梅 2000; 沈家煊·完权, 2009) 다시 말해 '是, 有, 在'가 문장에 출현하지 않았을 때는 뒷부분이 문장의 술어여서, 지칭성이 분명하게 드러나지 않지만, 이들이 출현하였을 때는 뒤의 술어가 목적어가 되어 지칭성이 분명하게 드러나게 된다. 술어를 부정할 때는 '没有'와 '不'가 모두 가능하다. 예를 들어보자.

他杀了一条耕牛。

그는 밭갈이 소 한 마리를 죽였다.

他没有杀一条耕牛。

그는 밭갈이 소 한 마리를 죽이지 않았다.

他不是杀了一条耕牛。

그는 밭갈이 소 한 마리를 죽인 것이 아니다.

'没有'로 부정하는 것은 술어의 서술성이고, '不是'로 부정하는 것은 그것의 지칭성이다. 이 역시 중국어 술어가 지칭성과 서술성을 겸유하고 있음을 진일보 설명하는 일종의 동태지칭어(动态指称语)이다. 이는 곧 '명동포함'설의 본질이다.

품사
유형학의
시야

제1절 품사체계의 유형도를 풍부하게 한 '명동포함' 구조

1. 유형학 연구의 중점인 '품사유형'의 전환과 '암스테르담 모델'

19세기의 언어유형학, 그 연구 중점은 어휘유형, 즉 조어방식에 따라 세계의 언어를 고립어, 교착어, 굴절어 또는 분석어, 종합어, 포합어36) 등의 유형으로 나누는 것이다. 20세기 언어유형학은 어휘유형 연구에서 어순 연구로 바뀌었다. 근래에는 유형학의 연구범위가 어순의 유형에서 다시 품사의 유형으로 확대되었다. 그 이유는 어순 유형의 연구가 심화됨에 따라, 연구자들이 SVO, SOV, AN, NA 등의 어순에서 S(주어), O(목적어), V(동사), N(명사), A(형용사)의 범주가 언어마다 차이가 커서, 일률적으로 논할 수가 없다는 점을 발견하였기 때문이다. 연구자들은 한발 더 나아가 언어에 따라 품사체계에도 중요한 유형학적 차이가 있음을 발견하였는데, 이러한 차이를 홀시하는 것은 어순유형학의 선천적인 문제라고 할 수 있

---

36) 역자주 : 형태론적 특징에서 본 언어의 한 형태. 동사를 중심으로 앞뒤에 인칭접사(人称接辞)나 목적을 나타내는 어사(语辞)를 결합·삽입하여 한 단어로서 한 문장과 동일한 형태를 가지는 언어. 아메리카 인디안어(Amerindian)·아이누어 등이 이에 속한다.[네이버 지식백과] 포합어 [synthetic language, 抱合语] (국어국문학자료사전, 1998., 이응백, 김원경, 김선풍)

다. 따라서 일부 언어유형학 연구자들은 다언어 품사비교모델을 건립하기 시작하였다.

네덜란드 암스테르담대학 이론언어학과 교수 Kees Hengeveld와 그의 동료가 제기하고 점차 개선시킨 'Amsterdam모형'은 품사유형학 연구의 중요한 성과이다. 完权·沈家煊(2010)은 이 모형에 대해 소개하고, 이 모형의 공헌과 문제점을 지적하였다. 完权·沈家煊에 따르면, 이 이론의 출발점은 순수한 품사기능주의 입장이다. Hengeveld는 하나의 단어와 그 기능을 연결한 조합표를 다언어 비교의 기초로 제시하였다. 그는 먼저 1단계에서 지칭과 서술을 사용하여 핵심 성분의 유형을 명사와 동사로 구분하고, 그 다음 2단계에서는 부가된 수식어를 형용사와 부사(방식부사에 한함)로 나누었다.

구분	핵심(head)	수식어(modifier)
서술구(predicate phrase)	동사(**V**)	방식부사(**MAdv**)
지칭구(referential phrase)	명사(**N**)	형용사(**A**)

위의 표에는 가로와 세로 각각 세 개의 참고항이 있다. 서술과 지칭은 문장 안에서 전체 구의 기능이며, 핵심과 수식어는 구 안에서 단어의 기능이다. 이를 조합하여 4개의 기능 슬롯을 정의하였으며, 이들 슬롯에 채워지는 어휘는 모든 가능한 개방적 품사를 포함하고 있다. 그 중에 방식부사(manner adverb)는 단지 주요 술어를 수식하는 부사에 국한되는데, 이로써 문장 전체를 수식하는 부사는 배제된다. 또한 원형 기능에 대한 판단을 보장하기 위해서는, 4개의 기능 슬롯에 채워지는 네 종류의 단어가 모두 형식상 무표적이어야 한다.

이 조합표에 따르면, 품사 시스템은 분화형과 비분화형으로 나뉘고, 비분화형은 다시 부드러운 유화성과 딱딱한 경직성의 두 가지 유형으로 나누어진다. 영어는 4개의 기능 슬롯에 모두 무표적이면서 전문화된 품사가 이미 존재하는 언어이다. 예를 들어보자.

The tall$_A$ girl$_N$ sings$_V$ beautifully$_{MAdv}$.
그 키 큰 소녀는 아름답게 노래한다.

영어에는 4개의 기능을 분담하는 명확한 네 종류의 단어가 있으며, 이 네 종류의 실사는 형태론적 변화 없이는 직접 다른 기능에 사용될 수 없다. 이들은 기능과 품사 사이에 엄격한 일대일 대응관계가 존재한다. 이러한 유형의 품사체계를 분화된(differentiated) 체계라고 부른다. 통사기능과 품사가 일대일 대응관계를 가지지 않는 언어는 다시 유화성(flexible)과 경직성(rigid)으로 나누어진다. 유화성 체계에서 일부 품사의 통사기능은 비교적 원활하여, 직접 여러 통사기능에 사용된다. 즉, 전문화된 품사가 존재하지 않는 것인데, 터키어가 이에 해당된다. 경직성 체계에서는 모든 품사가 전문화되어 있고 통사기능도 단일하게 고정되어 있지만, 위 네 가지 품사가 모두 존재하는 것은 아니며, 어떤 기능슬롯에는 채워 넣을 수 있는 품사가 없는 언어도 있다. 예를 들면, 수단의 Krongo어(나일-사하라어족(Nilo-Saharan languages)[37])는 동사와 명사는 있지만, 형용사와 방식부사는 없다.

Hengeveld 등 학자들의 조사 대상에는 중국어도 포함되어 있는데, 그들은 중국어를 경직성 언어로 규정하였다. 그들은 처음에 중국어에는 전문화된 명사와 동사는 있지만 형용사가 없다고 보았다가, 이후에는 또 중국

---

37) 역자주 : 나일강 상류 지역과 사리강에서 주로 쓰이는 여러 언어들의 어족으로 아프리카 4개 어족 중의 하나. 1963년부터 미국의 언어학자 겸 인류학자 Joseph Greenberg에 의해 이루어진 분류학 연구에서 처음으로 제안되었음.

어에 폐쇄적이고 그 구성원이 적은 형용사류가 있음을 인정하게 된다. 이는 분명히 중국어의 사실에 대한 이해부족으로 인한 오류이다. 중국어의 사실은 '人(사람), 桌子(탁자)'와 같이 형식표지의 추가 없이 전적으로 지칭구(指称短语)의 핵심이 되는 어휘의 종류는 있지만, 형식표지의 추가 없이 지칭구의 핵심은 되지 않고 서술구의 핵심만 되는 어휘는 한 종류도 없다. '打(치다), 聪明(똑똑하다)' 등은 직접 서술구의 핵심과 지칭구의 핵심이 모두 될 수 있는, 즉 위 두 개의 슬롯에 모두 자유롭게 응용될 수 있는 어휘들이다.

Hengeveld 등 학자들의 연구는 명사, 동사, 형용사, 부사의 4개로 나누는 영어와 같은 품사체계는 결코 인류 언어의 보편적인 품사체계가 아니며, 이와 반대로 오히려 드물게 보이는 품사체계라는 것을 밝히고 있다. 언어마다 품사체계가 다르며, 차이도 매우 크다. 그러나 품사 분합의 차이는 언어 간의 차이를 야기하는 근원 중의 하나일 수 있으며, 품사 분합은 언어 유형의 변이를 확정하는 주요 항목이다.

2. Larson의 '대명사(大名词)' 이론

생성문법학자들이 대부분 명사, 동사, 형용사의 3자 분립가설을 주장하였지만, Larson(2009)은 중국어는 이란어와 같이 명사가 동사와 형용사를 포함하는 '대명사류(super-noun category)'일 가능성이 높다고 하였다. 이것이 바로 'Larson의 껍질 가설(Larson's Shell Hypothesis)'이다.

이 가설의 결론은 생성문법의 '격(格, case)'이론에 근거하여 중국어의 '的'와 이에 상당하는 이란어의 조사를 대조하여 얻은 것이다. 이란어에서 중국어의 '的'에 상당하는 조사는 에저페(ezafe, 소유격)라고 부른다. 하지만 그것은 관형어-중심어 구조에서 관형어의 뒤에 붙는 '的'와는 달리, 중심 명사의 뒤에 붙는다. 예를 들면, 중국어로 '铁石-的|心肠(철석-같은 | 마

음'을 현대 페르시아에서는 '心肠-EZ|铁石(마음-EZ | 철석)'이 된다. 이 EZ 조사는 '격(格, case)'을 검증하는 역할을 하며, 앞뒤 명사성 성분의 격을 서로 조화시킨다. 이란어의 EZ에 대한 이러한 분석과 성격에 대한 주장은 생성문법 이론의 틀 안에서 합리적이고 간결한 것임이 이미 연구에서 밝혀졌다.

한편, 중국어 조사 '的'는 이와 연결되는 어휘가 'EZ'와 서로 반대일 뿐, 문법의 성질과 역할은 동일하다. 예를 들어 보자.

爸爸的书	沉重的书	出版的书	出和不出的书
아빠의 책	무거운 책	출판된 책	나온 그리고 나오지 않은 책
书的封面	书的沉重	书的出版	书的出和不出
책의 표지	책의 무거움	책의 출판	책의 나옴과 나오지 않음

朱德熙(1961)에 따르면 '的' 앞의 관형어 성분이 명사나 형용사, 동사 여부와 상관없이, '的'는 모두 "명사성 문법 단위의 뒤에 붙는 성분"(的3)이다. Larson은 한 발 더 나아가, '的' 앞의 관형어 성분이든 그 뒤의 중심어 성분이든, 또 그것들이 명사나 형용사든, 동사든 상관없이, '的'는 모두 앞뒤의 명사성 문법 성분의 격(格)이 조화를 이루게 하는 조사라고 하였다. 정통적인 생성문법의 이론적 틀에서 관형어 성분을 명사성 성분으로 분석하려면, '沉重, 出版, (不)出' 등의 술어성 성분들이 관계절화의 과정을 거쳤다고 가정하거나 또는 이들이 한정형식에서 비한정형식으로 전환되었다고 가정해야 한다. 또 중심어를 모두 명사성 성분으로 분석하기 위해서는, '沉重, 出版, (不)出'의 술어성 성분이 명사화를 거쳤다고 가정해야 하며, 그렇지 않을 경우 중심확장규칙에 위배된다. 이러한 여러 가지 '-화'는 중국어에서 간결성원칙에 위배되므로, 모두 불필요한 것이 된다. Larson이 가정한 '대명사(大名词)'가 있기 때문에, 이러한 '-화'들은 모두 생

략할 수가 있다.

Larson의 방법은 우리에게 중요한 점 하나를 시사해 주는데, 그것은 간결성원칙이 다른 학파들의 주장에 우선한다는 것이다. 생성문법도 역시 명동분립을 가정하지만, 그것은 단지 연구에 있어서의 가설일 뿐이며, 간결성원칙과 충돌할 경우에는 그 가설은 포기될 수 있다.

중국어의 명사성 성분에는 명시적인 격(格) 표지가 없다. 기능주의 학파의 관점에서 보면, '的'의 통일된 기능은 바로 식별도를 제고하는 것이며, (完权 2010) 격의 조화 역시 명사성 성분의 식별도를 높이기 위한 것이다. 중국의 대명사(大名词)를 논증할 때, "중국어를 통해서만 중국어를 보면, 중국어를 명확하게 볼 수가 없다"라고 재삼 강조한 Larson의 말은 상당히 일리가 있다.

3. 명사를 기본으로 하는 통가어(Tongan language)38)와 타갈로그어 (Tagalog)39)

중국어의 대명사(大名词)는 결코 특수한 현상이 아니다. 전세계의 언어 가운데에는 아직도 명사를 기본으로 하는 언어들이 존재한다. 沈家煊 (2012e, 2016)은 통가어(오스트로네시아어의 한 종류)와 타갈로그어(오스트로네시아어에 속함)의 상황을 통하여 이를 설명하였다.

沈家煊(2012e, 2016)에 따르면, 1997년『언어유형학』잡지 창간호에 통가어를 연구한 Broschart의 논문 한 편이 발표되었는데, 논문에 열거된 사실을 통해 통가어는 명사와 동사가 기본적으로 나뉘어져 있지 않으며, 명사가 기본이 되는 언어라는 것을 알 수 있다. 첫째, 통가어의 대다수 단어는

---

38) 역자주 : 통가의 국어로, 하와이어, 마오리어, 사모아어 등과 함께 폴리네시아어군에 속함. 서술어-주어-목적어 (VSO)의 어순을 가진다.
39) 역자주 : 동남아시아와 태평양 지역에 걸쳐 널리 사용되고 있는 여러 언어들의 어족.

어휘목록(lexicon) 안에서는 지칭성 단어인지 서술성 단어인지를 구별할 수 없지만, 구나 문장 안에서 관사를 붙이면 모두 지칭어가 될 수 있고, 시제 표지를 붙이면 서술어가 될 수 있다. 또한 관사와 시제표지는 필수적이다. 예를 들어보자.

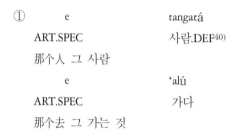

①   e   tangatá
     ART.SPEC   사람.DEF[40]
     那个人 그 사람
         e   'alú
     ART.SPEC   가다
     那个去 그 가는 것

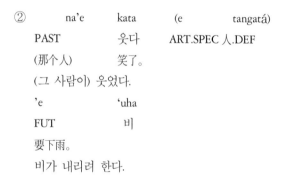

②   na'e   kata   (e   tangatá)
     PAST   웃다   ART.SPEC 人.DEF
     (那个人)   笑了。
     (그 사람이) 웃었다.
     'e   'uha
     FUT   비
     要下雨。
     비가 내리려 한다.

어휘목록 안의 tangatá(사람)과 'alú(가다) 두 단어에 관사 e[41]를 덧붙이면 모두 지칭어가 된다. 또 kata(웃음)와 'uha(비)에 시제표지(na'e는 과거시제 표지, ′e는 미래시제 표지)를 붙이면 모두 서술어가 된다. 다시 예를 들어보자.

---

40) 저자주 : 예문과 글에 나타난 문법성분의 악어 명사는 다음과 같다. ABS=통격(通格), ALL =향격(向格), ART=관사, CL=양사, DEF=정지(定指), FUT=미래시제, PAST=과거시제, PL=복수, POSS=소유격, PRES=현재시제, PRST=존현조사, SPEC=특지(特指), TOP=화제표지.
41) 저자주 : e는 특정 관사(专指冠词)이고, 또 비특정 관사(非专指冠词) ha도 있다.

③   na' e   'alú   (')a   Sione ki   kolo
     PAST   가다   ABS   쇼나 ALL   시내
     肖纳去城里了。
     쇼나는 시내로 갔다.

④   ko   e   'alú   'a   Sione ki kolo
     PRST ART 시내 GEN.ALL Sione ALL 시내
     肖纳现正去城里呢。
     쇼나는 지금 시내로 가고 있다.

예 ③은 'alú(가다)에 과거시제 표지 na'e를 붙여 서술어를 만들었고, 예 ④에서는 'alú에 또 관사 e를 붙여 지칭어를 만들어, '가다'라는 동작을 지칭한다. 그리고 앞의 ko는 존재나 출현을 나타내는 조사로, 의미는 '있다'에 상당한다. 'a'는 소유격 표지로, '的'에 상당하며 문장의 문자적 의미는 '지금 소냐의 시내로 가는 것이 있다'이다. 예 ④안의 'alú(가다)는 앞에 e를 덧붙인 것으로 인해, 명사로 전환되지 않는다. 그 이유는 통가어에는 동사의 명사화니 하는 것이 없으며, 이른바 동사는 거의 모두가 앞에 e를 붙여 지칭어로 만들 수 있기 때문이다. 여기서 Broschart가 준수한 원칙이 바로 "서로 같은 조건하에서 같은 부류의 단어가 모두 이렇게 쓰일 수 있다면, 이는 품사전환이라 볼 수 없다."(呂叔湘 1979 : 46)는 '간결성 원칙'이다. 유의해야 할 점은, 'alú에 관사를 붙여 지칭어를 만들더라도 여전히 '가다'라는 동작을 지칭하며, 의미도 뚜렷한 차이가 없다는 것이다. 이는 통가어 안에서는 보편적인 정황이다.

둘째, 사물을 지칭하는 통가어의 구는 시제 표지를 대동한 후에 술어가 될 수 있는데, 이때도 여전히 지칭성을 가진다. 예를 들어보자.

na'e Mekipefi 'a Sione
PAST 麦克白斯 GEN 肖纳

(那天)肖纳的麦克白斯。
(그 날) 쇼나의 맥베스.

이 문장의 의미는 '그 날은 쇼나가 맥베스를 연기하였다'인데, 이때 'a
는 '的'에 상당하는 소유격 표지로, 중국어 '昨晚马连良的诸葛亮(어제 저녁
마롄량의 제갈량 / 어제 저녁에는 마롄량이 제갈량을 연기하였다)'과 비교할 수 있
다. 지칭성 구인 Mekipefi 'a Sione(쇼나의 맥베스)는 과거시제 na'e를 덧붙였
지만, 그 자체는 여전히 지칭성의 명사구이다.

셋째, 동작을 나타내는 통가어의 구는 시제표지와 결합할 때도 지칭성
을 가지며, 형식적으로(소유격 표지) 이를 지칭성 구로 분석할 수 있다. 위
의 예 ③의 문장 na'e alu (')a Sione ki kolo(쇼나는 시내로 갔다)도 '쇼나의 시
내로 감'을 지칭하는 명사성 구에 과거시제를 더하여 구성한 것으로 볼
수 있는데, 왜냐하면 (')a는 소유격 표지 'a의 변형된 형태이기 때문이다.
이는 통가어의 서술성 구는 사실 모두 지칭성 구로 분석할 수 있음을 의
미한다.

그 밖에, 沈家煊(2016)은 또 필리핀의 타갈로그어(오스트로네시아어에 속함)
에 관한 Kaufman(2009)의 연구를 소개하였다. 그에 의하면, 이른바 동사성
술어는 사실 모두 명사성 성분이고, 이른바 동사 태(语态)의 접사는 사실
명사의 접사로 분석해야 하며, '주어+술어' 구조는 모두 보이지 않는 접
속사가 연결한 두 명사구의 조합이다. 이러한 분석은 간결할 뿐 아니라,
공시적 언어사실과 통시적 언어사실에 대해 모두 합리적인 해석을 가능
하게 한다.

제2절 인류 언어의 품사순환 모형

기존의 연구에 따르면, 라틴어는 명사와 동사가 따로 나누어진 언어이고, 통가어는 명사와 동사가 하나로 합쳐진 언어이다. 중국어가 '명동포함' 구조라는 주장은 인류 언어 품사체계의 유형을 풍부하게 하였으며, 품사유형학 연구의 발전에도 도움이 된다. 沈家煊(2016)은 이 세 가지 서로 다른 품사체계의 유형도를 아래와 같이 제시하였다.

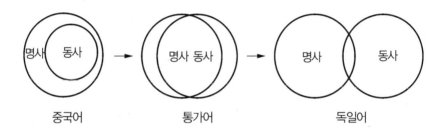

중국어   통가어   독일어

위의 그림을 통해, 중국어의 명사와 동사는 서로 배척하는 부분이 없는데다 동사가 명사 안에 포함되지만, 통가어의 명사와 동사는 대부분 교차하고, 일부는 서로 배척하며, 인도유럽어의 명사와 동사는 이미 대부분 서로 배척하고 일부만 교차한다는 것을 알 수 있다. 이는 마치 세포분열과 마찬가지로 인도유럽어(독일어)의 실사는 이미 두 개의 상대적으로 독립적인 부류, 즉 명사와 동사로 분화하였지만, 중국어의 실사는 현재까지 분열하여 변화하는 정황이 나타나지 않는다. 이와 달리, 통가어는 지금 분열하여 변화하는 과정에 처해 있다. 이 과정은 곧 품사의 문법화 과정, 즉 구체적인 화용적 범주(지칭어와 서술어)가 추상적인 통사적 범주(명사와 동사)로 허화 되어가는 과정이기도 하다. 따라서 문법화의 정도로 보면, 중국어가 가장 낮고, 독일어가 가장 높으며, 통가어는 양자 사이의 과도기적 단계에 놓여있다. 즉, 중국어 < 통가어 < 독일어 순이다.

또 다른 각도에서 보면, 중국어는 비록 구의 단계에서 이미 [+서술]의 특징을 나타내는 형식표지(주로 시제를 표시하는 '了', '着', '过'이다)가 있지만, 이들은 모두 필수적인 표지가 아니며 단어의 일부가 되지도 않는다. 반면, 통가어의 단어 단계에서 이러한 형식표지는 이미 필수적인 요소가 되어 어휘 원형에 이러한 표지가 덧붙여지지 않으면 서술어가 될 수 없다. 하지만 이 표지는 아직 단어의 일부가 되지는 않았다. 반면, 독일어, 특히 라틴어에서 이러한 시제표지는 필수적이며 이미 어휘의 형태표지로 굳어졌다. 따라서 품사의 문법화 정도도 중국어 < 통가어 < 독일어 순이다.

독일어나 라틴어에 비해 영어는 굴절형태의 소멸 정도가 굉장히 높아졌다. 따라서 영어는 일종의 탈문법화(degrammaticalized)하고 있는 언어이고, 명사와 동사의 겸류 비율도 상당히 높다. 이상의 여러 가지 사실에 근거하여, 沈家煊(2016)은 품사체계의 유형은 순환적으로 변화하며, 영어는 현재 중국어형 언어로 회귀하고 있는 언어라는 새로운 견해를 내놓았다. 이것이 바로 인류언어의 품사순환 모형인데, 이는 다음 그림으로 나타낼 수 있다.

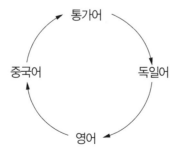

만약 영어가 변화를 계속하여 어휘의 형태가 모두 소실된다면, 영어는

고대중국어와 같이 변할 것이다. 현대 중국어에서는 이미 술어 뒤의 '了, 着, 过'가 출현하였고, 주어가 되는 명사가 한정적인 (definite) 것을 나타낼 때, 일부 방언에서는 그 앞에 '只' 또는 '个'를 덧붙인다. 이것은 중국어가 통가어로 진화해가는 징조로 볼 수 있다. 한편, 고대중국어도 더욱 원시 적인 중국어의 '탈문법화' 산물일 가능성이 높다. 상고 중국어에 이미 원 시 한-장어(汉藏语) 동사의 형태표지와 '명사화' 표지의 흔적이 존재한다는 증거가 있기 때문이다.(梅祖麟 2011 참조)

앞에서 살펴 본 인류언어 품사체계 순환변천 모델은 아직 더 많은 검 증이 필요하지만, 하나의 가설로 제기되었다는 점에서 나름의 가치가 있 다고 하겠다. 또 이러한 모델에 없어서는 안 될 근거를 제공하였다는 점 에서 중국어 품사유형학 역시 가치가 있다고 할 수 있다.

제 7 장

타파와 건립

타파와 건립

'명동분립'이라는 낡은 관념을 타파하고, '명동포함'이라는 새로운 관념을 수립하는 것은, 문법연구에서 전통적으로 상당히 중시해 온 명사와 동사의 구별이 결코 그렇게 중요하지 않으며, 중국어 문법은 그 자체가 인도유럽어 문법과는 다른 중시할 만한 측면을 지니고 있음을 의미한다. 이것은 기존의 중국어 문법체계를 근본적으로 바꾸는 것이다.

제1절 중국어에서 중시하는 '是'와 '有'의 영역 구분

1. 부정어의 분리와 합병은 품사분류의 차이를 나타낸다.

부정어의 분리와 합병은 명사·동사의 분리 합병과 밀접한 관계가 있으며, 품사분류의 차이를 직접적으로 나타내기도 한다. 영어 등 인도유럽어에서는 명사와 동사가 분립하고, 부정어도 서로 다르다. 영어의 경우, 명사의 부정어는 형용사 no이지만, 동사의 부정어는 부사 not이다. 예를 들어보자.

No teachers went on strike.
파업에 가담한 교사는 없다.

She had ***no idea*** what I meant.
그녀는 내 말이 무슨 뜻인지 이해하지 못했다.
The teachers did ***not*** go on strike.
교사들은 파업을 하지 않았다.
She ***didn't*** have any idea what I meant.
그녀는 내 말의 뜻을 전혀 이해하지 못했다.

영어에서 부정어의 가장 중요한 차이는 '명사 부정'인가 아니면 '동사 부정'인가이다. 이는 명동분립이라는 영어의 품사구조와 일치한다. 반면, 중국어는 이와 뚜렷한 차이를 보인다. 다음 예를 보자.

영어   He did not read it. *He did no read it.
      *There's not books. There's no books.
중국어 没书   没读
      *不书   不读

영어는 명사를 부정할 때와 동사를 부정할 때, 서로 다른 부정어를 사용한다. 하지만 중국어의 부정어 '没'는 명사와 동사를 모두 부정할 수 있는데, 이는 중국어의 부정어가 '명사 부정'과 '동사 부정'을 구분하지 않음을 말한다. 그럼에도 '不'가 명사를 부정할 수는 없고 동사만 부정할 수 있다는 것은, 중국어의 명사와 동사가 구분이 있음을 보여준다. 이는 중국어의 명동포함의 품사구조와 일치한다.

중국어의 부정어는 우선 명사부정인지 동사부정인지를 구분하는 것이 아니라, 명시적인 부정(直陈否定)인지 아니면 비명시적인 부정(非直陈否定)인지를 구분한다.(吕叔湘 1942/1982 : 234-242, 龚波 2010) 명시적인 부정은 곧 '有'의 부정이라 할 수 있으며, 동사의 사변성(事变性, 즉 이 일이 있었는지 여부)에 중점이 있다. 반면, 비명시적인 부정은 '有'의 부정이 아니며, 동사의 동

작성(즉, 이 일을 하는지 여부)에 중점이 있다.(呂叔湘 1942/1982 : 238)

> 他没(有)去。
> 그는 가지 않았다.('他去(그가 간다)'라는 일이 없다.)
> 他不去。
> 그는 가지 않는다.('他去(그가 간다)'라는 일을 하지 않는다)

‘有没有这件事(이 일이 있었는지 없었는지)’는 ‘유무有無(있고 없고)’의 문제이고, ‘做不做这件事(이 일을 할지 안 할지)’는 ‘시비是非(인지 아닌지)’의 문제이므로, 중국어에서는 ‘有’와 ‘是’의 구분이 매우 중요하다. 그러나 영어에서 ‘그는 가지 않았다’는 He didn't go이고, ‘그는 가지 않을 것이다’는 He won't go로, 둘 다 모두 not을 사용하여 부정한다. 이로써 영어는 명시적인 부정과 비명시적 부정의 구분을 중시하지 않는다는 것을 알 수 있다.

중국어가 ‘有’와 ‘是’의 구분을 중시하지만, ‘有没有这样东西(이 물건을 가지고 있는지 없는지)’와 ‘有没有这回事情(이 일이 있었는지 없었는지)’, ‘是不是这样东西(이 물건인지 아닌지)’와 ‘是不是这回事情(이 일인지 아닌지)’는 그다지 구분하지 않는다. 통사적으로 명사와 동사가 동일한 부정어를 사용할 수 있는 것으로 나타나지만, 또 동사 전용의 부정어도 가지고 있다는 것을 알 수 있다. 다시 말해, 명사를 부정하느냐 동사를 부정하느냐에 있어서, 중국어는 ‘제한적인’ 구분만 한다는 것이다. 이는 중국어의 품사구조와 일치한다. 중국어는 ‘명동포함’ 구조여서 명사가 동사를 포함하고, 동사는 명사의 하위부류이므로 명사와 동사의 구분은 중요하지가 않다. 따라서 명사와 동사가 서로 같은 부정어를 사용할 수 있는 것이다. 하지만 또 명사가 모두 다 동사인 것은 아니기 때문에, 동사의 부정어 ‘不’는 동사만 부정할 뿐, 일반적으로 명사를 부정하지는 않는다.

2. 영어·중국어에서의 '是(이다)'와 '有(있다)'의 표현 차이

'是'와 '有'의 구분이 중국어에서는 매우 중요하지만, 영어는 그렇지가 않다. 영어에서는 '是'의 개념을 표현하는 데 be를 쓰고, '有'의 개념을 표현하는 데에는 there be를 쓰므로, 여전히 be를 벗어나지 못한다. be의 부정은 be not이고, there be의 부정 역시 there be not이다. 이로써 영어는 '是'와 '有'의 개념을 명확히 나누지 않는다는 것을 알 수 있다. 영어에서 중시하는 것은 '이 물건이 있느냐 없느냐 / 이 물건인지 아닌지'('없다'와 '아니다' 모두 no를 사용)와 '이 일이 있었는지 없었는지 / 이 일인지 아닌지'('없다'와 '아니다' 모두 not을 사용)의 구분이다.

영어에서 '是'의 개념을 표현하는 데 be를 사용하는데, be는 '是' 외에도 '有'의 의미를 표현할 수도 있다. 예를 들어보자.

> There are many people in the park.
> 公园里有很多人。(존재를 나타내는 '有')
> 공원에는 아주 많은 사람이 있다.

그러나 중국어의 '有'는 there be 외에 have로도 표현할 수 있다. 영어에서는 이 두 개의 단어를 엄격하게 구분하여 there be는 존재를 나타내고, have는 소유를 나타낸다. 예를 들어보자.

> There are many people in the park.
> 공원에는 아주 많은 사람이 있다. (존재)
> I have a dog.
> 나는 개를 한 마리 가지고 있다.(소유)

중국어는 고대에서부터 현재에 이르기까지 '有' 자는 '소유하다(拥有)'와

'존재하다(存在)'를 함께 나타낸다.(余靄芹 2009). 중국인들의 마음속에서 '소유'와 '존재'는 긴밀히 연결되어 있어, 서로 전환할 수 있다.(袁毓林 등 2009 ; 任鷹 2009) 'X가 Y를 소유한다'는 'X가 있는 곳에 Y가 존재한다'는 것을 의미한다. 비교해 보자.

> 你还有多少钱?
> 너는 얼마의 돈을 더 가지고 있니?
> 你手里还有多少钱?
> 너의 손에는 얼마의 돈이 더 있니?

중국어의 '有'와 영어의 there be가 완전하게 대응하는 것은 아니다. '이다'와 '있다', '가지고 있다'의 세 개념을 영어와 중국어에서 구별해보면, 다음의 분합(分合) '지도'로 표현할 수 있다.

개념	영어	중국어
이다(是)	be	是
존재(存在)		有
소유(擁有)	have	

영어 be는 큰 개념으로 '이다'와 '존재'의 두 개념을 포함하고, 중국어는 '有'가 큰 개념으로 '존재'와 '소유'의 두 개념을 포함한다. 중국어에서 '有'는 '有'이고, '是'는 '是'이다. 이들은 분립하는 두 개의 개념인데, 이 점은 이들의 부정어가 각각 '没'와 '不'로 구별된다는 것으로 증명된다.

3. 중국어의 '有'와 '是'의 구분

중국어에서는 '有'와 '是'의 구분이 매우 중요하다. 王冬梅(2014)는 풍부한 예증을 제시하며 다양한 문장형식에서 '有'는 '了'와 상통하고, '是'는 '的'와 상통하지만, '有'와 '是' 그리고 '了'와 '的'의 사이는 대립한다는 것을 증명하였다. 일부 예증을 재인용하면 다음과 같다.

(1) '是'와 '的'는 여러 술어 안에서 상통하며, 모두 '긍정 강화'의 역할을 한다.

是大白天, 有什么可怕的? 훤한 대낮인데 무서울 게 뭐가 있어?	大白天的, 有什么可怕的? 훤한 대낮에, 무서울 게 뭐가 있어?
黑是黑, 白是白, 黑白分明。 검은 건 검은 것이고 흰 건 흰 것이니, 검고 흰 것은 분명하다.	黑的黑, 白的白, 黑白分明。 검은 것은 검고 흰 것은 희니, 검고 흰 것은 분명하다.
他对工作是认认真真, 一丝不苟。 그는 일을 하는 데 있어 매우 성실하여, 조금도 빈틈이 없다.	他对工作认认真真, 一丝不苟的。 그는 일을 하는 데 있어 매우 성실하여, 조금도 빈틈이 없다.
我喝酒是自己花钱。 내가 술 마시는 데에는 내가 돈을 쓴다.	我喝酒自己花钱的。(我喝酒自己花的钱。) 내가 술 마시는 데에는 내가 돈을 쓴다.

(2) '有'와 '了'는 여러 술어 안에서 상통하며, 모두 동작이나 상태가 '무無'에서부터 유有에 이름(실현)'을 나타낸다.

他有进步。 그는 진보가 있다. (그는 진보하였다)	他进步了。 그는 진보하였다.
西藏我去过了。 티베트를 나는 가 봤다.	西藏我有去过。 티베트를 나는 간 적이 있다.
桌上放有一本书。 탁자 위에는 책 한 권이 놓여 있다.	桌上放了一本书。 탁자 위에는 책 한 권이 놓였다.
有去无回。 가서 돌아오지 않는다.	去了回不来。 갔다가 돌아오지 못한다.

(3) 술어 안에서 '是'와 '有'의 차이는 모두 긍정과 서술의 차이이다.

墙上是我写的诗。(不是别人写的) 벽에는 내가 쓴 시다.(다른 사람이 쓴 것이 아니다)	墙上有我写的诗。(也有别人写的) 벽에는 내가 쓴 시가 있다.(다른 사람이 쓴 것도 있다)
这条鱼是三斤。(只能是三斤) 이 물고기는 세 근이다.(겨우 세 근뿐이다)	这条鱼有三斤。(可以超过三斤) 이 물고기는 세 근은 된다.(세 근을 넘을 수 있다)
是一个人慢慢走了过来。(主观判断) 한 사람이 천천히 걸어서 다가온다.(주관적 판단)	有一个人慢慢走了过来。(客观叙述) 천천히 걸어서 다가오는 한 사람이 있다.(객관적 서술)
桌子上是书。 탁자 위는 책이다.	桌子上有书。 탁자 위에는 책이 있다.
桌子上都是书。 탁자 위는 모두 책이다.	*桌子上都有书。(除非理解为多张桌子) *탁자 위에는 모두 책이 있다.(여러 개의 탁자로 이해되는 경우 예외)
山上是座庙，还是一户人家。(这户人家就住在庙里) 산위는 사당인데, 인가도 한 채이다.(이 인가의 사람들은 바로 사당에 산다.)	山上有座庙，还有一户人家。(这户人家不一定住在庙里) 산에는 사당이 한 채 있고, 또 인가도 한 채 있다.(이 인가의 사람들이 반드시 사당에 사는 것은 아니다.)

(4) 술어 안에서 '的'와 '了'의 차이도 모두 긍정과 서술의 차이이다.

灯，他开的。 등은, 그가 킨 것이다.	灯，他开了。 등은, 그가 켰다.
上个星期他来了。 지난 주에 그는 왔다.	上个星期他已经来了。 지난 주에 그는 이미 왔다.
上个星期他来的。 지난 주에 그는 온 것이다.	*上个星期他已经来的。
瓦特发明蒸汽机的。 와트가 증기 기관을 발명한 것이다.	不是瓦特发明蒸汽机的。 와트가 증기 기관을 발명한 것이 아니다.

瓦特发明了蒸汽机。 와트는 증기 기관을 발명하였다.	瓦特没有发明蒸汽机。 와트는 증기 기관을 발명하지 않았다.

또한, '是'와 '有'가 문장 안에서 함께 출현할 때는 순서가 있는데, '是有(-있는 것이다)'(是有这么回事(이런 일이 있다))만 가능하고, '有是'(*有是这么回事")는 불가능하다. '有'의 개념은 '是'로 표현할 수 있지만[42], '是'의 개념은 일반적으로 '有'로 표현할 수 없다. 예를 들어보자.

山上有座庙。 산 위에는 사당이 한 채 있다.	到底有没有？ 도대체 (사당이) 있는 거예요 없는 거예요?	有。 있습니다. 是(有)。 예(있습니다)
山上是座庙。 산 위는 한 채의 사당이다.	到底是不是？ 도대체 (사당)인거예요 아닌 거예요?	是。 (사당)입니다.. *有。

'了'와 '的'가 동시에 출현할 때는, '了的'와 '的了'의 두 가지 경우가 모두 가능한 표현이다. 하지만 전자는 긍정만을 나타내는데 비해, 후자는 긍정의 실현을 나타내며, 이 때 '了'는 판단어기를 나타낸다. 예를 들어보자.

你们一辈子的温饱是没有问题了的。 ('了'는 실제 일의 실현을 나타낸다.)
여러분이 일생 동안의 입고 먹는 것은 문제가 없게 된 것입니다.

---

42) 저자주 : 王健에 따르면, 绩溪岭(안후이성에 속함) 북쪽 방언에서는 '你有几个孩子'를 '你是几个孩子'로 말하고, '山上有座庙'은 '山上是座庙'으로 말하는데, 이는 '是'구문으로써 '有'구문의 의미를 나타낸 것이다.

你们一辈子的温饱是没有问题的了。 ('了'는 판단의 실현을 나타내며, 어기를 대동한다.)

여러분이 일생 동안의 입고 먹는 것은 문제가 없게 되었습니다.

이것은 왜냐하면 하나의 서술에 대해서는 추가로 긍정을 할 수 있는데 반해, 하나의 긍정에 대해서는 다시 추가로 서술하기가 어렵기 때문이다.

상술한 대립은 통사적으로는 서술과 긍정의 영역이며, 동시에 의미적으로는 '명시적 서술'과 '비명시적 서술'의 영역이며, 화용적으로는 '是非(시비)'와 '有无(유무)'의 영역이다. 이 세 영역이 형식적으로는 모두 '是/的'와 '有/了'의 차이로 구현된다.

긍정/시비/명시적 서술 (肯定／是非／直陈)	서술/유무/비명시적 서술 (叙述／有无／非直陈)
是／的	有／了

상술한 분야는 고대중국어에도 존재하는데, 형식표지는 '也'와 '矣'이다. 이는 중국어의 통사와 화용, 의미가 각각 독립된 것이 아니라, 서로 밀접하게 연결되어 있음을 설명한다. 만약 우리가 명동포함 모델에서 벗어나게 되면, 이러한 중요한 영역들을 정확히 보기가 어려울 것이다.

제2절 운율(韵律)을 포함하는 중국어 '대문법(大语法)'

중국어 대문법은 통사와 의미, 화용 외에 운율도 포함하고 있다. 沈家煊 (2017e)은 영어·중국어 대조의 각도에서 출발하여 이 점을 깊이 있게 논술하였다.

영어의 운율문법은 운율과 문법의 교집합이고, 중국어의 운율문법은 대문법의 한 부분집합으로 대문법 안에 포함된다. 이를 그림으로 나타내면 다음과 같다.

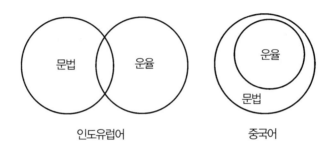

인도유럽어   중국어

영어의 리듬은 강약의 구분을 바탕으로 한다. 단어의 강세 위치가 정해지면, 인접한 강세음절의 시간 간격이 대체로 같다. 만약 두 강세 음절 사이에 비강세 음절이 많으면, 발음 속도는 바짝 붙여서 빠르게 발음해야 한다. 예를 들어보자.

The moon is in the sky. It is far and high.
달은 하늘에 있다. 그것은 멀리 그리고 높이 있다.

위의 예문에서 moon-is-in-the의 네 음절은 바짝 붙여 빠르게 읽어서, far-and의 두 음절과 대체로 같은 음길이의 토막을 형성하게 하여야 한다. 이것을 강약이 긴장과 완화를 조절하는 '강세 타이밍(stress-timing)'이라고 부른다. 그러나 강세는 모두 음보(metre)의 첫 음절에서 음보의 경계를 표시하는데, 이러한 운율 단위의 경계와 문법성분의 경계간의 부합도(符合度)는 매우 낮다. 이는 음보를 구성하는 음절은 단음절 어휘를 제외하고는 대부분 의미가 없으므로, 문법 성분 중의 약음절이 음보를 구성할 때 자연적으로 생략과 이탈을 하기 때문이다. 예를 들면, 위의 예문 moon is in the와 far and 등은 모두 음보를 구성하지만 문법단위는 아니다. 또한 이러한 생략과 이탈은 모두 일반적인 현상이다. 이 때문에 영어는 긴 문장 안에서 임의로 쉼표(휴지休止)를 붙여서는 안 된다. 만약 문법 성분의 경계에 붙이게 되면 운율 단위의 경계와 합치하지 않고, 운율 단위의 경계에 붙이게 되면 문법 성분의 경계와 합치하지 않게 된다. 따라서, 영어는 운율과 문법은 별개이며, 운율문법은 운율과 문법이 겹치는 부분임을 알 수 있다.

영어와 달리 중국어의 리듬은 음절수(syllable count) 또는 음절 타이밍(syllable timing)형에 속한다. 음절(字)은 동시에 문법과 운율의 기본 단위이며, 리듬 변화는 주로 음절들 간 조합의 강약 변화이다. 이는 중국어의 음절 특징으로 인한 것이다. 중국어는 글자(字)를 기본 단위로 하고, 글자 하나하나가 모두 모양(形), 소리(音), 뜻(义), 용법(用)의 결합체이다. 글자와 글자의 강약변화는 매우 작지만, 자간 조합의 긴장도와 신축도는 크다. 따라서 자간 조합의 긴장도 변화(운율)는 문법, 의미, 화용상의 긴장도 변화를 필연적으로 반영하는데, 沈家煊(2012)은 이러한 필연적인 반영관계를 '긴장도 도상성(松緊象似)' 또는 '허실 도상성(虛実象似)'이라고 하였다. 따라서 중국어의 문법은 하나의 대문법이며, 운율이 대문법에 포함되는 것은 곧 긴장도와 허실의 대응관계이며, 이는 운율·문법·의미·화용을 연결시킨다. 沈家煊(2017)은 이런 도상성 관계를 아래의 표와 같이 기본적인 것과 파생적인 것으로 구분하였다.

기본적인 긴장도와 허실(虛实)의 도상성

구분	虛 松	緊 实
운율	단음 ┃ 절	쌍음 ┃ 절
문법	동사 · 허자(虛字)	명사 · 실자(实字)
의미	단순	풍부
화용	가볍고 자유로움	침착하고 진중함

단음절과 쌍음절의 구분은 중국어의 가장 기본적이고 중요한 구분이다.

파생된 긴장도와 허실(虛实)의 도상성

구분	虛 松	緊 实
운율	[1+2] ₗX'X	[2+1] X.X
문법	명사성 관형어 중심어	동사성 술어 목적어

지적할 점은, 리듬과 운율의 긴장도와 허실은 문법 · 의미 · 화용과 일
대일 대응이 아니라 비대칭 대응이라는 것이다. 예를 들면, 강약구조인
[X.X](紧实)의 '煎.饼, 劈.柴'는 분명히 복합명사이지만, 약강-강구조인 [ₗX
'X](虛松) 'ₗ煎'饼, ₗ劈'柴'는 동사구일 수도 있고, 복합명사일 수도 있다. 다
시 예를 들면, 단어 의미와 문법 형식 사이의 긴장도와 허실(松紧虛实) 대응
도 비대칭 관계(왜곡관계)이다. 의미적으로 '战争(전쟁)'의 내용은 풍부하지
만, '战斗(전투/전투하다)'의 내용은 단순하다. 전자는 동사는 되지 않고, 명
사만 가능하지만, 후자는 동사도 되고 명사도 된다. 이러한 관계를 그림
으로 나타내면 다음과 같다.

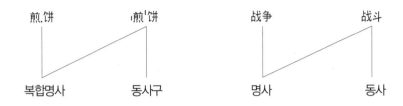

沈家煊(1999)은 비대칭 대응이 언어의 형식과 의미 간의 보편적이고 정상적인 연결 상태이며, 이는 형식과 의미의 변화속도가 동일하지 않다는 보편적인 규칙에도 부합한다고 지적하였다. 언어 형식의 변천은 의미의 변천보다 느리므로, 원래의 의미는 새로운 형식에 머물게 된다. 이러한 비대칭 대응은 일대일 대응에 비해 훨씬 더 많은 해석력을 가진다. 공시적 언어현상뿐만 아니라 통시적 과정도 역시 이를 통해 설명이 가능하다.

중국어 단음절·쌍음절과 단·쌍의 결합 방식의 차이가 동시에 의미, 문법, 화용에서의 긴장도 차이를 반영하는 바로 이러한 이유 때문에, 沈家煊(2011, 2012)은 운율 수단이 중국어 본래의 중요한 형태수단이라고 하였다. 이는 주류 문법이론에 대한 반성을 불러일으켰다. 주류 이론에 따르면, 음성과 문법, 의미는 3개의 독립된 영역이다. 문법영역의 처리가 완료된 후, 언어진 결과를 음성영역에 입력하고 조합하여 읽으며, 이를 다시 의미영역에 입력하여 해독한다. 이로써 서로 이웃한 세 영역 사이에 접속면(交界面, interface)이 생긴다. 그러나 중국어의 사실로 볼 때, 이 가설의 보편성에 대해 의구심을 가질 필요가 있다. 적어도 중국어 문법은 운율과 의미(광의의 의미는 화용도 포함한다)를 포함하는 대문법이어서, 음성, 문법, 의미의 3개 영역이 명확히 분리되거나 서로 갈라져 있는 것이 아니다. 이들 3자 사이의 연결은 접속면에 의한 것이 아니라 느슨함과 조임, 허와 실의 투사대응 관계에 의한 것이며, 이러한 대응은 언어의 진화법칙에도 부합하는 비대칭 관계이다. 바꾸어 말하면, 중국어와 같은 언어에 적합한 이론은 횡적 모듈 사이의 접속면 이론이 아니라 일종의 종적 층면 사이의 투사이론이다. 또한 이러한 투사는 흔히 직접적인 것이어서 실현의 과정이 없는, 즉 하나의 영역이 다른 하나의 영역으로 구성된다. 운율과 문법으로 말하면, 운율은 문법의 구성 부분인 것이다.[43]

제3절 용법과 분리될 수 없는 중국어 문법

呂叔湘과 朱德熙는 1979년 출판한 『语法修辞讲话』 '머리말'에서 이미 중국어의 문법은 용법과 분리할 수 없다고 지적하였다. 전통적인 중국어 문법연구는 흔히 문법과 화용을 구별하여 설명하였는데, 이는 인도유럽어의 영향을 받은 결과이다. 沈家煊(2016, 2017c)은 인도유럽어 문법은 문법과 화용이 분립하지만, 중국어의 용법은 문법을 포함하고, 문법은 용법의 부분집합, 즉 "문법도 용법이지만, 용법이 모두 문법인 것은 아니다"라고 하였다. 그 구별을 그림으로 나타내면 다음과 같다.

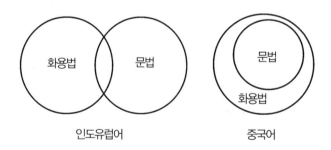

沈家煊(2016)은 또 중국어에서 화용적 변화는 흔히 동시에 문법적 변화

---

43) 저자주 : 관련 내용은 본 총서 중 柯航의 『韵律和语法』을 참고 바람.

이기도 하여서, 문법적 변화가 화용적 변화에 포함되어 있으므로 중국어
는 용법을 떠나서는 문법을 설명할 수 없거나 설명할 수 있는 문법이 얼
마 되지 않는다는 점을 구체적인 예를 통해 설명하였다. 왜냐하면 이른바
문법의 범주와 단위가 모두 화용의 범주와 단위로 이루어진 것들이기 때
문이다.

이 책의 제2절 '명동포함의 실질' 부분에서 명사와 동사의 예를 일부
소개하였다. 인도유럽어의 명사와 동사는 문법범주에 속하고, 지칭과 서
술은 화용범주에 속하므로, 명사와 동사가 각각 지칭어와 술어가 되기 위
해서는 지칭화 또는 서술화의 과정이 필요하다. 하지만, 중국어의 명사는
직접 지칭어가 될 수 있고, 동사는 직접 서술어가 될 수 있다. 그러므로
중국어의 문법과 용법은 분리가 불가능하다.

沈家煊은 또 중국어와 라틴어의 어순을 비교할 때, '폴은 마리를 보았
다'라는 문장이 라틴어에서는 여섯 가지 표현이 있다(朱德熙 1985a : 3)고 한
朱德熙의 예를 다시 열거하였다.

Paulus vidit Mariam.　　Mariam vidit Paulus.

Paulus Mariam vidit.　　Mariam Paulus vidit.

Vidit Paulus Mariam.　　Vidit Mariam Paulus.

라틴어에서 어순의 변화는 화제, 초점, 시각의 변화와 같은 화용의 변
화를 초래하지만, '주어 — 동사 — 목적어'의 문법구조는 변하지 않는다.
하지만, 중국어에서 어순의 변화는 화용의 변화와 함께 문법구조의 변화
도 초래한다. 예를 들어보자.

我不吃羊肉。 ('주어 — 동사 — 목적어' 구조)
나는 양고기를 먹지 않는다.

羊肉我(可)不吃。 ('주어 — 주어술어' 구조)
양고기는 나는 먹지 않는다.

다시 아래의 예를 보자.

  a. 今儿怪冷的。
     오늘은 무척 춥다.
  b. ?今儿冷。
     ?오늘은 춥다.

朱德熙(1985a)는 a와 b의 대립을 문법적 대립으로 보고, 이를 근거로 '冷 (춥다)'과 '怪冷的(무척 춥다)'를 각각 성질형용사와 상태형용사로 보았다. 이 는 현재 모두가 수용하는 관점이기도 하다. 하지만, '今儿冷(오늘 춥다)'은 대조하여 말하거나, 질문에 대답할 때 할 수 있는 말이다. 예를 들어보자.

  今儿冷, 昨儿暖和。
  오늘은 춥지만, 어제는 따뜻했다.
  今儿冷不冷? 今儿冷。
  오늘은 추워요? 오늘은 춥습니다.

그렇다면 위의 a와 b의 대립은 문법적으로 부적격한 것이 아니라 화용 적으로 부적합한 것이다. 또한 이와 유사한 예도 중국어에 다량 존재하기 때문에, 만약 이를 모두 용법의 문제라고 본다면 중국어는 논할만한 문법 이 얼마 되지 않게 된다. 용법이 문법을 포함한다는 측면에서 볼 때, 이러 한 문제는 문법적인 문제인 동시에 용법의 문제인 것이다.

이 밖에, 沈家煊(2006b, 2009d), 刘探宙(2009)는 모두 생성문법에서 비능격 동사(unergative verb)와 비대격 동사(unaccusative verb)의 대립이 중국어에서는

문법적 대립이 아니라 화용적 대립이라고 설명하였다. 또 張伯江(2009)은 생성문법에 있는 D의 범주(한정성분)가 중국어에서는 화용적 속성이 아니라 문법적 속성임을 논증한 바 있다. 그리고 이후에 또 張伯江(2011)은 중국어 통사구조의 어순이 실질적으로 반영하는 것은 화용구조의 어순이라는 점을 논증하였다.

沈家煊(2017c)은 주어(subject)와 화제(topic)라는 한 쌍의 범주를 통해 진일보한 논증을 하였다. 서양의 언어에서 주어는 문법범주에 속하고, 화제는 화용범주에 속하는 것으로, 이들은 개념상 각각 독립되어 있으므로 혼동하여서는 안 된다. 예를 들면, 영어 The 'play I saw yesterday(내가 어제 본 연극)라는 문장(play에 강세)에서, the play는 주어가 아닌 화제이고, I는 화제가 아닌 주어인데, 이는 형태로 증명할 수 있다.(주어와 술어는 형태가 일치하여야 한다) 그러나 중국어 '戏我昨天看的(연극은 내가 어제 보았다.)'라는 문장은, 중국어학계에서 이미 赵元任의 관점과 분석을 받아들여, '戏(연극)'는 대주어(大主语)이고, '我(나)'는 소주어(小主语)로 보았다. 중국어는 주어가 사실은 곧 화제, 즉 화제의 일종이기 때문에 대소에 상관없이 모두 주어가 된다.

요컨대, 서양언어학에서는 문법과 화용이 분리되어 있고, 일부분만 겹치는데, 이 겹치는 부분을 문법과 화용의 접속면이라 한다. 그러나 중국어 문법은 용법의 부분집합으로, 용법이 문법을 포함하기 때문에 문법과 화용의 접속면이 없다. 중국어 문법학계에서 제창한 3개의 평면 연구(三个平面研究)는 문법·의미·화용을 분리할 것이 아니라 결합해야 한다.

제4절 중국어 '대문법(大語法)' 체계의 구상

'명동분립'이라는 낡은 관념을 타파하고, '명동포함'이라는 새로운 관념을 수립하는 것은 기존의 중국어 문법체계를 근본적으로 개선시킬 것이다. 沈家煊(2016, 2017e)은 중국어 대문법체계의 초기형태를 기술하였다. 큰 틀에서 말하면, 이 대문법체계는 아래의 특징을 가지고 있다.

첫째, 이 문법체계는 대문법이며, 문법·의미·화용·운율의 종합이다. 따라서 이들을 분리하여 연구하면 그것의 완전성을 파괴할 것이다.

둘째, 명사와 동사의 차이는 결코 그렇게 중요하지 않으며, 객관적인 서술과 주관적인 판단, 명시적 서술(直陳)과 비명시적 서술(非直陳), 성질의 확정과 상태묘사가 이 대문법의 큰 영역이다.

셋째, 한 품사가 다른 한 품사를 포함하는 보편성을 중시함에 따라, '명동포함' 외에도 관형어와 부사어, 목적어와 보어, 주어와 화제 등의 포함관계도 중시하였다. 이에 연구의 중점이 범주간의 대립관계에서 대응관계로 바뀌었고, 형식과 의미간의 일대일대응관계가 아닌 비대칭대응관계를 중시하였다. 또한 범주문법화 연구를 중시하고, 공시와 통시는 명확한 분리가 불가능하다.

넷째, 용법과 장법(章法)[44]의 연구를 중시한다. 중국어 문법은 곧 용법이며, 용법은 문법을 포함하기 때문에 대문법은 용법과 장법연구를 중시하고, 단문(短文)의 독립성 그리고 불완전문장의 병렬성과 지칭성(指稱性)을 중시한다.

다섯째, 중첩, 쌍음절화, 단쌍음절의 조합방식은 모두 인도유럽어와 다른 중국어의 중요한 형태수단이고, 복합적인 특징을 가지고 있다. 그러므

---

44) 역자주 : 작품 전체를 구성하는 데 있어서 자(字)와 자, 행(行)과 행 사이의 호응, 조화 등을 고려하는 방법을 말한다.

로 구조유형을 이야기할 때는 반드시 읽기의 강약, 음절의 단쌍, 단쌍의 조합과 연계하여 설명해야 한다.

여섯째, 문장의 유형(句类)과 구조의 유형 연구를 중시한다. 중국어의 문장 유형은 먼저 명시적 서술식과 비명시적 서술식으로 구분하고, '有'자문과 '是'자문으로 구분하며, 객관적인 서술과 주관적인 판단으로 구분한다. 문장과 구(词组)는 구조원리가 같아, 각종 복합적인 조합은 몇 가지 한정된 구조(연합구조, 주술구조, 술보구조, 수식구조)가 여러 겹 쌓여 결합된 산물이다. 문형에 대한 연구의 중점은 수평적인 구조변환 관계에서 수직적인 동형사상(isomorphic mapping)[45] 관계로 바뀌었다.

---

45) 역자주 : 프랑스 학자 C. Jordan(1838-1922)이 처음으로 사용한 용어. 물체에서 나온 빛이 거울에 반사 또는 굴절된 다음에 모여서 생기는 상(像)은 같은 모양이라는 의미인 동형사상(同型写像, isomorphism)은 서로 구조가 같은 두 대상 사이에는 모든 구조가 보존된다는 이론. 두 대상 사이에 동형사상이 존재하는 경우, 서로를 동형(同型, isomorphic)이라고 하며, 서로 동형인 두 대상은 구조가 같아 구조로는 구별할 수 없다는 이론이다.

제
8
중국어 장
문법이론의
철학적 토대

제8장

중국어 문법이론의 철학적 토대

앞의 몇 개의 장에서 중국어 품사와 관련한 문제에 대한 정리를 통해, 언어 단위들이 분립관계인지 포함관계인지가 중국어와 인도유럽어의 가장 중요한 차이임을 설명하였다. 沈家煊(2017c)은 중국어와 서양언어의 차이에서 출발, 이 차이에는 깊은 철학적 배경이 있다는 것을 언어사실에 대한 정확한 파악을 바탕으로 진일보 설명하였다. 그는 중국과 서양의 범주관에 있어서의 차이를 구체적으로 밝혔는데, 이 절에서는 沈家煊의 핵심 관점을 간단하게 소개하고자 한다.

제1절 중국과 서양의 범주관 차이

중국과 서양의 범주관의 차이는, 주로 '서양은 갑과 을이 분립해야 비로소 두 개의 범주임을 강조하지만, 중국은 갑을포함에 곧 두 개의 범주가 있다는 것을 강조한다"는 것에서 나타난다. 이것이 沈家煊의 핵심 관점으로, 여기에는 두 개의 서로 연관된 주안점이 포함되어 있다. 하나는 '분립'과 '포함'의 문제이고, 다른 하나는 '이다(是)'와 '있다(有)'의 문제이다.

현재 학계의 두 가지 범주관, 즉 이산형 범주관(离散范畴观)과 연속형 범주관(连续范畴观)은 모두 서양학자들이 제기한 것이다. 전자는 범주를 이산형(discrete), 즉 갑은 갑이고, 을은 을로 여기는 것이다. 이산형 범주는 약간의 객관적 특징이나 필요충분조건이 범주를 결정한다. 언어학계에서는 Noam Chomsky[46]로 대표되는 언어이론가들이 이러한 범주관을 견지한다. 그들은 명사와 동사는 분리되어 있으며, 명사의 경계를 확정짓는 특징은 [+명사성(名性)]이고, 동사의 경계 확정의 특징은 [+동사성(动性)]이라고 본다. [+명사성]과 [+동사성]은 모두 "어떤 한 범주에는 있지만, 다른 범주에는 없는" 문법특징이다. 반면 연속형 범주관은, 범주는 연속적인 것 (continuous)이고, 범주 갑과 을 사이에는 명확한 경계가 없이 많은 과도기적 상태가 존재함을 강조한다. 범주의 구성원은 공통적인 특징 없이 가족적 유사성만 존재한다는 것이다. George Lakoff로 대표되는 인지언어학자들이 이러한 범주관을 견지한다. 예를 들면, 그들은 명사와 동사 사이에는 명사성이 가장 강한 것부터 동사성이 가장 강한 것까지의 '연속체(连续统, continuum)'[47]가 존재하며, 정도의 차이가 있지만, 명확하게 나누기 어려운 여러 단계들이 존재한다고 여긴다. 앞에서 이미 소개한 바와 같이, 명동분립과 연속체의 두 가지 범주이론의 기초 위에 세워진 중국어 문법연구는 어느 관점이든 모두 해결할 수 없는 모순과 문제를 안고 있다.

沈家煊은 중국어 연구는 언어사실을 존중하여, 갑이 을을 포함하는 범주관으로 회귀하고, 이를 중시해야 한다고 강조했다. 그리고 한 쌍의 비동일 관계 (relation of non-identity)의 범주는 이것 아니면 저것이라는 이분법적 분립관계일 수도 있지만, 비배타적인 포용관계일 수도 있다고 지적하였다. 분립은 이산(离散)과 유사하지만, 포함은 연속과는 다르다. 연속 범주는, 중간은 연속적이지만 양 끝은 뚜렷하게 분립되어 있어, 포함범주와

---

46) 역자주 : 미국의 언어학자. 변형생성문법 이론의 창시자. 1955년부터 매사추세츠 공과대학언어학과 교수로 재직. 대표 저서로는 『Syntax』, 『Aspects of the Theory of Syntax』 등이 있다.

47) 역자주 : 독일 태생 미국의 논리 실증주의 철학자가 제기한 물리학 개념. 물체를 작은 요소로 무한히 나누어도 각각의 요소 하나하나가 전체로서 그 물질의 성질을 그대로 유지한다는 개념이다.

는 본질적인 차이가 있다. 포함관계에서 만약 갑이 을을 포함하면, 을은 갑의 부분집합이 된다. 이때 을의 구성원은 모두 다 갑에 포함되지만, 갑의 구성원이 모두 다 을에 포함되지는 않는다. 어휘 개념을 예로 들면, 영어 male과 female의 관계는 갑을분립에 속하지만, 이와 달리 man과 woman의 관계는 갑을포함에 해당한다.

분립과 포함의 차이에서 착안하면, 중국과 서양의 언어적인 차이를 더욱 잘 설명할 수 있다. 서양의 언어(인도어와 유럽어를 지칭) 및 언어연구는 범주의 분립을 보편적인 방향으로 하고, 중국의 언어(汉语를 지칭) 및 언어연구는 범주의 포함을 보편적인 방향으로 한다. 이는 다음 몇 가지에서 나타난다.

첫째, 언어와 문자이다. 서양의 언어와 문자는 분립하고, 언어학과 문자학도 분립한다. 그러나 중국의 언어와 문자는 포함관계로, 언어는 문자를 포함하고 문자도 언어에 속한다. 둘째, 문법과 용법이다. 서양의 언어학에서는 문법(grammar)이 규칙의 지배를 받는 자족적인 체계이다. 문법과 용법은 성질이 전혀 다른 두 가지 범주인 것이다. 예를 들면, 명사와 동사는 문법의 범주에 속하고, 지칭과 진술은 화용의 범주에 속하므로 두 가지를 혼동해서는 안 된다. 그러나 중국어의 문법은 용법의 한 부분집합이며, 용법은 문법을 포함한다(본서 제7장 3절 참조). 셋째, 문법과 운율이다. 서양언어학에서 문법과 운율은 두 개의 분립된 범주로, 둘은 서로 일치하지 않는다. 운율문법은 양자 간의 영사(映射)관계를 연구하는 것이다. 반면, 중국어 문법은 운율을 포함하고 있으며, 운율문법은 문법의 한 부분집합이다(본서 제7장 2절 참조). 넷째, 명사와 동사이다. 서양의 언어는 '명동분립'이지만, 중국어는 '명동포함'이다.(본서 2장 참조) 다섯째, 조어(造语)성분이다. 서양언어에서 어근과 접사는 분립관계이지만, 중국어에서 어근과 어근어(根词)[48]는 포함관계이다. 어근어는 어근을 포함하고, 어근은 어근어 안에서 점차적으로 형성된, 의존성(독립적인 사용이 불가능)을 지닌 하나의 하위부류이다.

'是'와 '有' 가운데 어디에 초점을 맞추는가는 서양철학과 중국철학의 또 다른 차이점이다. 서양철학은 being(是/存在)을 둘러싸고 형이상학적 사변思辨을 진행하였으나, 중국 선진先秦 명가名家는 '有'에 대한 사색을 통해 형이상학적 사변을 진행하였다. '유무有無'의 개념은 중국 전통철학 본체론의 핵심 개념이다. 갑을분립은 범주의 '是'의 이론으로, 두 개가 분립하는 범주여야 두 개의 범주로 간주하는 관점이다. 갑을포함은 범주의 '有'의 이론으로, 갑은 을을 포함하고 을은 갑에 속한다고 보는 관점이다. 갑을은 다르면서도 같고, 하나의 범주이면서 또 두 개의 범주이다. 갑을포함 구조가 '하나가 둘로 나뉘는(一分二)'것은 아니지만, 이미 '하나가 둘을 낳았다(一生二)'.[49] '낳는다(生)'는 것은 무無에서 유有에 이르는 것이기 때문에, 두 개의 범주'이다(是)'라고 말하기는 곤란하겠지만, 이미 두 개의 범주를 '가지고 있다(有)'. '이다(是)'의 이론은 정태적인 항재관(恒在观)이고, '있다(有)'의 이론은 동태적인의 '변재'관(变在观)이다. 중국의 범주관은 이로써 동태와 정태가 서로 조화를 이루고, 역사적 선후와 논리적 선후가 통일된 것이다. 이러한 범주관이 언어에 나타나는 것이 바로 '이다(是)'와 '있다(有)'라는 표현에서의 중국과 외국의 차이이다.(본서의 제7장 1절 참조), '是'와 '有'의 영역구분은 중국어에서 가장 중시하는 분야이다.(王冬梅 2014)

---

48) 역자주 : 어휘 중에 가장 원시적이며, 단순하고 기본적인 어휘. 어근어의 바탕위에서 많은 다른 어휘가 파생되어 나온다. 중국어의 어근어는 대부분 단음절인데, 예를 들면 '人', '山', '火'와 같은 것이다.

49) 저자주 : 『노자(老子)』 제42장.

제2절 더욱 만족스럽게 '자신을 표현하는 것(表述自己)'에 대해

역사적인 원인으로 인하여 국제 언어학계에서 주도적인 지위를 차지하고 있거나, 영향력이 비교적 큰 언어학이론은 대부분 서양 언어학자들이 제기한 것이다. 이는 인도유럽어, 특히 영어의 시각에 바탕을 둔 것이며, 서양철학의 기초 위에 만들어진 것이기도 하다. '명동포함' 품사론의 제기는 중국어 문법연구가 인도유럽어의 영향으로 야기된 많은 근본적인 모순을 해결하고, 세계 언어의 품사체계 유형도를 풍부하게 함으로써 세계 언어유형 변천 연구에 새로운 사고의 실마리를 제공하면서, 언어이론 학계에서 중국의 목소리를 내었다. 沈家煊교수의 연구는 중국어의 언어사실에 기초하여, 중국과 서양의 두 가지 다른 범주관을 제시하고 설명함으로써, 우리가 "스스로를 표현하지 못하면, 다른 사람들에 의해 표현되어야 한다"는 난감한 상태를 벗어나게 하는 데 도움을 주었다. 이로써 더 넓은 영역, 더 높은 수준에서 더 잘 "자신을 표현(表述自己)"할 수 있게 함으로써 중국학자로서 공헌을 하였다. 중국과 서양의 두 가지 범주관 역시모두 다 인간사상의 결정체로서 상호보완적이다. 또 둘 사이에 우열의 구분이나 옳고 그름의 차이는 없다. 언어에 비추어보면, 인도유럽어와 중국어는 사상과 감정을 표현하는 데 있어서도 마찬가지로 각기 장점과 단점을 가지고 있다. 인도유럽어는 정확하고 정연하다는 장점이 있고, 중국어는 단순하고 유연하다는 장점이 있어, 고저나 우열의 차이가 없다. 근현대 이래로 중국과 서양의 교류가 증가함에 따라, 중국어와 다른 언어도서로 장점은 취하고 단점은 보완하였다. 이로써 간결하던 중국어는 인도유럽어의 정확하고 법칙에 맞는 표현방식을 흡수하는 동시에, 자신의 방식을 통해 다른 언어에 영향을 미치고 있다.

철학의 각도에서 말하면, 철학적으로 논의된 개념의 차이는 언어 형식에서 증거를 찾아야 한다. 언어적 사실을 결합하지 않고 철학적 개념을 논하는 것은 공허한 이야기이다. 이는 언어학자들과 일부 철학자들의 공통된 견해이다. 중국어 사실을 기초로 제기된 갑을포함의 범주관은, 우리로 하여금 중국 철학 속의 '하늘과 인간은 하나이다(天人合一)', '(사물의) 본체와 작용은 둘이 아니다(体用不二)', '유는 무에서 생겨난다(有生于无)', '만물은 곧 일이다(物犹事也)'라는 명제에 대해 더욱 깊이 이해하게 하였다. '하늘-인간, 일반인-성인, 작용-본체, 무-유, 만물-일(天-人, 人-圣, 用-体, 器-道, 无-有, 物-事)' 등의 철학적 개념은 모두 동태적인 것이며, 하나에서 둘이 생겨나는 갑을포함 관계임을 인식하게 되었다. 중국인의 마음속에서 이러한 포함관계와 변재관계(变在关系)는 비정상적이거나 과도적인 상태가 아닌 정상적인 것이다. 세계가 원래 그런 상태인 것이다. 그리고 이러한 각도에서, 중국철학의 '조화를 이루지만 같지는 않다(和而不同)'라는 철학적 의미를 더욱 분명하게 설명할 수 있다. '조화를 이룬다(和)'와 '같다(同)'라는 것은 다른데, '같다(同)'라는 것은 단순히 동일(同一)한 것으로, '다름(异)'을 수용하지 못하지만, '조화를 이룬다(和)'는 것은 '다름'을 수용할 수 있을 뿐만 아니라 나아가 반드시 '다름'이 있어야만 비로소 '조화를 이룬다'고 말할 수 있다. 즉 중국인들 마음속 세계의 이미지는 이원분열(二元分裂)이 아니라, 일체—體로 조화를 이루는 것이다.

제
9
구체적인 장
문제에 대한
해석

제9장

구체적인 문제에 대한 해석

'명동포함'의 품사구조에서 출발하면, 중국어 문법체계의 자기모순을 해소할 수 있고, 많은 구체적인 문제에 대해서도 합리적인 해석을 할 수 있다.

제1절 표지이론(标记理论)의 심화

'명동포함'설은 언어 표지이론(markedness theory)의 영감을 받았고, 나아가 표지이론을 심화하는 데 도움을 준다.

언어학에서의 표지이론은 음소론(音位学, phoneme)에서 유래한다. 그 안의 유표항과 무표항은 대립관계로, 전자는 특징 F에 대한 긍정이고, 후자는 특징 F에 대한 부정이다. 예를 들면, /b/는 [유성음]이라는 특징에 대한 긍정이고, /p/는 이 특징에 대한 부정으로, 양자는 서로 배타적이다. 이후 형태학에 이르러 표지 모델의 두 가지 유형을 구분하게 된다. 첫 번째 유형은 male과 female의 대립으로, 이는 음위 /b/와 /p/의 대립과 동일하다. male은 특징 F[음성]에 대한 부정이고, female은 특징 F[음성]에 대한 긍정이다. 다른 하나의 유형은 바로 man과 woman의 대응이다. 유표항 woman은 특징 F[음성]을 긍정하였지만, 무표항은 특징 F[음성]에 대해 명확한 규정도 없이, 긍정도 부정도 하지 않는다. 대립관계는 유표항과 무표항을

구분하지만, 대응관계는 유표항과 미표항(未标记项)을 구분한다. 포함구조
도 역시 대응관계이다. 중국어문법에서 '명동포함' 유형의 확립은 무표와
미표의 두 가지 상황에 대한 구분을 중시할 필요가 있음을 설명함으로써,
(3장 2절 참조) 표기이론을 한층 더 확장, 심화시켰다.

표기이론에 있어, 또 다른 하나의 새로운 진전은 바로 '표기전도(标记颠
倒, markedness reversal)'설이다. 표기전도설과 '명동포함'설은 서로를 검증한
다. 표기전도 현상은 중심이 되는 범주와 그 안에 포함된 부차적인 범주
가 표기성(标记性)에 있어 상반된 경우를 말한다. 예를 들면, 어휘 가운데
'管家(집사)'는 무표항이고, '女管家(여집사)'는 유표항인데, 이것은 '司机(기
사), 经理(사장), 校长(교장), 大使(대사)' 등과 같이 직업이나 직위를 나타내는
일반명사에 적용된다. 하지만, 이러한 명사 중 극히 일부는 이와 상반된
다. 예를 들면, '护士(변호사), 保姆(가사도우미)'는 무표항이지만, '男护士(남자
간호사)', '男保姆(남자 가사도우미)'는 유표항이다. 이것이 바로 표기전도현상
이다. 沈家煊(1999a)은 바로 이러한 이론을 통해 중국어 문법범주의 여러
가지 비대칭현상(不对称现象)을 묘사, 설명한 바 있다.

沈家煊(2016)은 표기전도이론과 '명동포함설'이 상호 검증관계라는 것을
논증하였다. 중국어의 명사성(名性) 어휘와 동사성(动性) 어휘는 단쌍(单双)의
조합에 있어, 표기전도 양상을 띤다. 명사성의 관형어-중심어 구조는
[2+1]이 정상적인 상태이지만, 동사성의 서술어-목적어 구조는 [1+2]가
정상적인 상태이다. 예를 들어보자.

명사성 관형어-중심어	煤炭店(연탄가게) / *煤商店 手表厂(시계공장) / *表工厂
	复印纸(복사용지) / *印纸张 出租房(임대주택) / *租房屋
동사성 서술어-목적어	抄文件(서류를 베끼다) / *抄写文 造房子(집을 짓다) / *建造房
	买粮食(양식을 사다) / *购买粮 看大戏(경극을 보다) / *观看戏

이러한 표기전도 역시 주된 것과 부차적인 것의 자연적인 조합을 이용하여 나타낼 수 있다.

구 분	자연적인 조합 (주된 것)	자연적인 조합 (부차적인 것)
단쌍조합	[2+1]	[1+2]
문법구조	명사성의 관형어-중심어	동사성의 서술어-목적어

형용사가 관형어가 될 경우는, 명사나 동사가 관형어가 될 경우와는 상반된 단쌍 조합방식이 나타나는데, 이 역시 일종의 표기전도현상이다. 명동포함 구조에서는 명사가 동사와 형용사를 포함하는 대명사(大名詞)여서, 정상적인 상태의 관형어-중심어 [2+1] 안에서 중심어가 되는 단음절사는 명사든 동사든 상관없이 모두 형용사인 것이다.

먼저 형용사를 대명사(大名詞) 내부의 특수한 하위부류의 하나로 간주한다면, 그것은 일반명사(동사 포함)가 가지는 [지칭(指稱)]의 특징 외에, 특히 [수식(修飾)]의 특징도 함께 가진다. 따라서 형용사는 일반명사(동사 포함)와 표기전도 구조를 형성하고, 나아가 주된 것과 부차적인 것의 두 무표쌍을 만든다고 할 수 있다.

구분	자연적인 조합(주된 것)	자연적인 조합(부차적인 것)
명사	纸板房[2+1] 판지로 된 집	纸房子[1+2] 종이집
동사	卷曲发[2+1] 말아 올린 머리	卷头发[1+2] 곱슬머리
형용사	冷空气[1+2] 찬 공기	寒冷意[2+1] 찬 기운

중국어의 명사성 어휘와 동사성 어휘가 단쌍조합에서 표기전도 양상을 띠는데, 이것은 동사성 어휘가 명사성 어휘의 한 하위부류이기 때문이다.

명사(동사 포함)와 형용사(속성사50))가 관형어가 될 때도 단쌍조합에서는 역시 표기전도양상이 나타나는데, 이 또한 중국어의 형용사가 명사(동사 포함)의 한 하위부류의 하나이기 때문이다. 역으로 말하면, 이 두 일부분의 표기전도는 중국어의 명사, 동사, 형용사의 세 실사(实词)가 두 가지 포함관계를 형성하고 있음을 증명한다. 바꾸어 말하면, 이는 표기전도와 명동포함설이 상호 검증하고 있다는 것이다.

제2절 실사(实词)의 부실(不实)

『马氏文通』의 간행 이전에, 중국의 언어학에는 이미 '실자(实字)'와 '허자(虚字)'의 구분이 있었다. 하지만 허(虚)와 실(实) 사이에 명확한 경계가 없었으며, 허와 실 양자의 구분도 상대적이었다. 이는 허자가 모두 실자에서 진화되어 나왔기 때문이다. 그리고 이러한 허화(虚化)는 완벽한 것이 아니어서, 허화된 후에도 부분적으로는 실사의 의미가 여전히 남아있다. 전치사 같은 경우, 동사에 비해 상대적으로 허사라고 할 수 있는데, 중국어의 전치사는 "거의 모두 동사에서 변한 것이다."(吕叔湘, 1979) 그리고 동사도 명사에 비해 상대적으로 허사라고 할 수 있는데, 청대(清代) 袁仁林(?-?)은 『虚字说』에서 명사가 서술어가 되는 현상을 "실자는 의미가 허화되어 쓰이고, 사자는 의미가 살아나서 쓰인다(实字虚用, 死字活用)"라고 하였다. 그는 가령, "봄바람처럼 사람들을 부드럽게 어루만지다(春风风人)", "여름비처

---

50) 역자주 : 속성사(属性词)는 형용사의 한 종류로 사물의 성질을 나타내고 사물을 표시하는 명사 앞에서 명사를 수식하는 관형어로만 쓰이며 술어로는 쓰이지 않는다. 이와는 달리 일반 형용사는 관형어로도 쓰일 수 있고 술어로도 쓰일 수 있다. "비서술형용사(非谓形容词)", "구별사(区别词)"라고도 하며, 중국 전통문법의 명사, 동사, 형용사에서 분리되어 나온 신흥 품사이다. 예를 들면, '大型'과 같은 형용사. 大型飞机(○)/飞机很大型(×).

럼 사람들을 촉촉히 적시다(夏雨雨人)”, “옷을 벗어 나에게 입혀준다(解衣衣
我)”, “먹을 것을 내밀어 나에게 먹여준다(推食食我)”에서, 각 구의 두 번째
글자 “风, 雨, 衣, 食”는 “실자가 의미가 허화되어 쓰인 것(实字虚用)”이라고
하였다. 실사와 허사라는 한 쌍의 범주가 서양언어에서는 분립관계이지만,
중국어에서 허사는 실사 안에 포함되고, 실사 안에서 형성된 포함관계라
고 말할 수 있다. 이는 ‘명동포함’설과 일치하는 것으로, 명동포함의 각도
에서 보면, 명사는 동사를 포함하고, 동사는 허화된 명사라고 할 수 있다.

그런데 『马氏文通』과 그 이후의 문법연구가 전통적인 허와 실 구분의
관점을 계승하기는 하였지만, 인도유럽어의 갑을 분립이론의 영향을 받
아 양자 사이의 포함관계를 중시하지 않고, 인위적으로 실사와 허사를 분
립시키면서 ‘실사 부실(实词不实)’이라는 상황을 초래하게 된다. 朱德熙(198
2 : 39)는 ‘실사’에 대해, “중국어의 어휘는 실사와 허사 두 개의 큰 부류로
분류할 수 있다. 기능으로 보면, 실사는 주어와 목적어 ‘或’은 서술어가
될 수 있다”고 설명하였다. 즉, 명사와 동사는 분립하지만, 상위 범주는
모두 실사로 분류된다는 것이다. 이 설명은 문법학계의 인정을 받았고,
지금까지 줄곧 연용된다.

그런데 朱德熙는 “기능으로 보면, 실사는 주어와 목적어 ‘或’은 서술어
가 될 수 있다”고 말하였는데, 여기에서의 ‘기능(功能)’은 결코 실사의 문
법적 특징이 아니다. 이 설명 속의 ‘或’을 만약 ‘AND’로 이해한다면, 중
국어는 사실상 동사만이 이 설명에 부합하고, 명사는 부합하지 않는다.
왜냐하면, 명사는 일반적으로 서술어가 될 수 없기 때문이다. 그런데 만
약 ‘或’을 ‘OR’로 이해한다면, “명사와 동사를 실사로 통칭한다(名词和动词
统称实词)”고 말한 것과 같은데, 이 자체는 실사의 정의가 아니다. 이는 ‘실
사’의 의미가 공허한 것이므로, 실사가 부실한 것이다.

실사의 부실로 초래된 좋지 않은 결과는 두 가지가 있다. 하나는 실사

의 범위를 확정지을 수 없어, 간접적인 반면(反面)을 통해서는 명사를 정의할 수 없다는 것이다. 전통 문법체계에서는 명사에만 있고 기타 품사에는 없는 문법특징을 찾을 수 없기 때문에, 사실상 명사는 간접적인 반면을 통해서는 '일반적으로 서술어가 될 수 없고, 부사의 수식을 받을 수 없다'로 정의하였다. 간단하게 말하면, 중국어 명사의 정의는 '그것이 동사가 아니다'(본서 제1장 1절에서 자세하게 서술)라는 것이다. 혹자는 동사에 직접적인 정면(正面)의 정의를 통해 동사의 문법적 특징을 확정지으면 바로 명사의 범위도 확정된다고 하였다. 그러나 이러한 생각의 전제는, 실사는 하나의 정면적인 정의를 가지고 있으며, 이를 통해 실사의 범위를 확정지은 후, 그 가운데 동사를 제외하면 나머지가 곧 명사여야 한다는 것이다. 하지만 실사의 범위를 확정할 수 없는 이상, 명사를 반면(反面)을 통해 정의할 수는 없다. 또 하나의 나쁜 점은, 실사가 부실하면 "허와 실, 두 부류의 구분도 실용적 의미가 크지가 않다"(呂叔湘 1979 : 35). 그러나 중국 어문의 전통은 아주 일찍이 허실을 구분하고, 이를 매우 중시하였다(비록 여러 구분 방식이 있기는 하였지만). 분명한 것은 이러한 구분이 의미가 있다는 것이다.

그러나 명사를 근본으로 하는 '명동포함'의 구조 속에서, 상술한 문제들은 모두 쉽게 해결된다. 우선, 전통에서 말하는 명사는 간접적으로 정의할 수 있다. 수량사의 수식을 받는 것과 주어가 되는 것은 대명사(大名词, 동사를 포함)의 문법특징이다. 대명사(大名词)와 동사를 명확히 정의한 다음, 대명사에서 동사를 제거한 뒤의 어휘(전통에서 말하는 명사, 즉 소명사(小名词))는 정면에서 정의를 내릴 필요가 없으며, (정의를 내린다 하더라도) 명사는 일반적으로 서술어가 될 수 없다는 반면적인 정의밖에 내릴 수가 없다. 중국어의 실사는 사물과 동작 그리고 속성을 지칭하는 대명사이고, 이 실사는 바로 [+지칭성]이라는 실재적 함의를 가진다. 실사는 '의미가 실재하는(实)'는 단어인데, 의미가 실재하면 지칭성도 실제로 존재하게 된다.

제3절 쌍음절화(双音化)의 기능

쌍음절화의 기능에 관한 전통적인 관점은 동사의 명사화이다. 즉, 단음절 동사는 본래 명사성을 가지고 있지 않지만, 쌍음절이 된 후에는 명사성을 가지게 된다는 것이다. 예를 들어, 단음절 동사 '攻(쳐부수다)', '击(치다)'는 명사적 성질을 가지고 있지 않지만, 쌍음절이 된 후인 '击打', '攻击'는 명사적 성질을 가진다. 沈家煊(2016)은 이를 '구쌍음절화(旧双音化)'설이라고 칭한다. 구쌍음절화설은 명동분립의 각도에서 보면, 두 가지 문제가 존재한다. 하나는 단음절 동사가 동사성이 강하기는 하지만, 명사성도 가진다는 점을 부인하였다는 것이다. 이에 대해서는 다음 제4절에서 설명하기로 한다. 다른 하나의 문제는 단음절 명사가 왜 쌍음절화가 되는지를 설명할 수 없다는 점이다.

沈家煊(2016)은 '신쌍음절화(新双音化)'설을 제기하여, 쌍음절화의 기능은 동사의 명사화가 아니라 '명사성을 강화하고, 동사성을 약화시키는 것', 즉 '명사성 증가, 동사성 감소(增名减动)'라고 주장하였다. 고대중국어에는 단음절 명사에서 생겨나고 발전하여 서술어가 되고 목적어를 가지기도 하는 동사 용법의 예들이 매우 많다. 예를 들면, '车水(물을 수차로 퍼 올리다), 衣人(사람에게 옷을 입히다), 坑之(그것을 구덩이에 묻다), 树德(덕을 쌓다), 母天下(세상 사람들을 어머니의 마음으로 사랑하다)' 등이 모두 이에 해당된다. 그렇지만, 이들 단음절 명사가 쌍음절의 '汽车(자동차), 车辆(차량), 衣服(옷), 泥坑(흙구덩이), 树木(수목), 母亲(어머니)'로 변한 이후에는 이러한 동사용법이 사라지거나 약화되었다. 이에 근거하여, 명사의 쌍음절화는 명사성을 강화시켰다고 할 수 있다. 동사는 명사의 하위부류이므로, 동사 쌍음절화의 문법적 역할도 명사성을 강화시키는 것이어야 한다.

신쌍음절화설은 동사와 명사 모두에 대해 구쌍음절화설의 문제점을 해결하였다. 구체적으로 말하면, 동사 쌍음절화의 기능은 원래 명사성을 가지고 있던 단음절 동사의 명사성을 더욱 강화시킴으로써, 단음절 동사가 동사성이 강하지만 명사성도 가지고 있다는 중요한 사실을 수용할 수 있게 되었다. 명사 쌍음절화의 기능은 단음절 명사로부터 파생된 동사성을 감소시키는 것이기 때문에, 단음절 명사가 쌍음절화된 뒤 명사성이 증대된다는 사실도 포함한다.

沈家煊은 나아가 쌍음절화의 명사성 강화, 동사성 약화는 바로 실$_實$을 증대하고, 허$_虛$를 감소시키는 것이라고 지적하였다. 명사성은 실이고, 동사성은 허라는 이러한 관점은 옛사람들이 이미 견지하고 있었다. 예를 들면, 청대 袁仁林이『虛字说』에서 "봄바람처럼 사람들을 감화시킨다(春风风人)", "여름비처럼 사람을 윤택하게 한다(夏雨雨人)", "옷을 벗어 나에게 입혀준다(解衣衣我)", "먹을 것을 내밀어 나에게 먹여준다(推食食我)" 속의 명사 '风', '雨', '衣', '食'는 모두 "실사가 의미가 허화되어 쓰인 것 것이다(实词虚用)"라고 하였다. 현재 인지언어학의 관점으로는, 동사가 주어나 목적어로 쓰일 경우를 바로 추상적이고 공허한 동작을 구체적이고 실재적인 사물로 간주하는 것, 즉 '공허한 것을 실재하는 것으로 보는 것(视虚为实)'이다. 이로써 쌍음절화의 문법적 기능은 '충실(充实, 알맹이로 채우는 것)'이라는 두 글자로 설명할 수 있는데, 이는 다음 그림에서 보는 바와 같다.

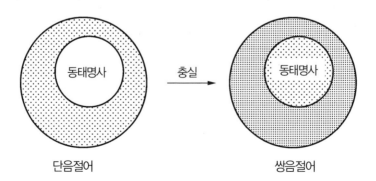

단음절어   쌍음절어

위 그림에서 점들이 '없던 상태에서 있는 상태로(从无到有)' 되고, '듬성
듬성한 상태에서 빽빽한 상태로 변한 것(由疏变密)'은 모두 '알맹이를 채운
것(充实)'을 의미한다. 단음절어 위주인 고대중국어에서 왼쪽의 비어있는
작은 동그라미는 명사 가운데 비교적 허한 하위부류, 즉 동태명사('击'로
대표)를 나타내고, 흩어져 있는 점들이 있는 부분은 정태명사('车'로 대표)를
나타낸다. 그림에서 쌍음절어의 일부분을 나타내는 점이 듬성듬성한 작
은 동그라미도 역시 비교적 허한 하위부류, 즉 동태명사('攻击', '击打'로 대
표)이다. 그러나 이는 단음절어 속의 작은 동그라미보다는 상대적으로 좀
더 채워져 있다.(명사성 증가) 점들이 조밀하게 모여 있는 부분('汽车', '车辆'
로 대표)은 단음절 정태명사가 쌍음절화를 거쳐 알맹이로 채워진(동사성 감
소) 후, 더욱 실질적인 것으로 변화된 산물이다. 현대중국어에서는 단음절
어와 쌍음절어가 병존하며, 동태명사이든 정태명사이든 모두 단음절어의
명사성은 상대적으로 약하고, 대응하는 쌍음절어의 명사성은 상대적으로
강하다.

본서의 제6장에서는 유형학과 문법화의 각도에서 동사는 명사라는 큰
부류에서 점차 분화되어 나온 것이고, 일부 명사의 허화가 어휘 형태적으
로 고착화된 산물이라고 소개하였다. 중국어에서는 두 세력의 지속적인
상호작용이 발생하였다. 한 세력은 명사(정태, 동태 포함)가 끊임없이 동사
로 허화되었지만, 끝까지 하나의 독립된 동사류를 형성하지는 못한 것이
고, 다른 한 세력은 쌍음절화가 명사(정태, 동태 포함)를 더욱 실질적인 것으
로 만들어 실속있는(实在) 명사로 회귀하게 한 것이다.

쌍음절화의 문법기능은 '充实'로 개괄할 수 있고, 쌍음절화가 만든 단
쌍의 구분 및 단쌍 조합(단쌍-쌍단(单双-双单))의 구분은 느슨함과 조임, 허와
실을 구분하는 역할을 한다. 바로 이러한 느슨함과 조임, 허와 실의 반영
관계는 중국어의 음성(语音), 의미(语义), 문법을 연결시킨다.(본서 제7장 2절에

서 서술) 따라서 쌍음절화와 이로 말미암아 야기된 단쌍의 구분은 일종의 중국어 자체의 문법적 형태라고 볼 수 있으며, 공시(共時)적 현실을 반영할 뿐 아니라 통시적 과정도 해석이 가능하게 한다.

제4절 술어의 지칭성(指称性)

술어의 지칭성에 관해서는 먼저 한 가지 명확히 해야 할 점이 있다. 그 것은 바로 '술어가 지칭성을 가진다(谓语有指称性)'라는 말이 '술어가 지칭 성을 겸유하는 서술어이다'라는 말이 아니라, '술어는 일반적으로 서술성 을 겸하는 지칭어이다'라는 점을 의미한다는 것이다. 즉, 모든 술어는 다 지칭어이다. 이 점에 대해 沈家煊(2016, 2017d)은 赵元任의 무주어문 이론(零 句说)에서 추론하여 도출해내고(본서 제3장 1절), 아울러 朱德熙가 제기한 '평 행성 원칙'에서 착안하여 진일보한 논증을 하였다.(본서 제5장 2절)

이 절에서는 다음 두 가지 문제에 대해 설명을 하고자 한다. 첫째, 명 사가 술어가 되는 데 제한을 받는 것과 중국어 술어의 유형에 제한이 없 다는 것은 서로 모순이 되지 않는다. 둘째, 술어의 지칭성을 통해 중국어 명사가 술어가 되는 경우에 대해 합리적인 설명이 가능하다.

朱德熙(1985a : 5)는 명사는 '일정한 조건하에서' 비로소 술어가 될 수 있 다고 지적하였다. 즉, 명사가 술어가 되는 데 제한이 따른다는 것이다. 이 는 현재 문법학계의 공통된 인식이다. 赵元任(1968 : 53-57)은 또 중국어 술 어의 유형은 제한을 받지 않는다고 하였다. 두 의견이 보기에는 대립하는 듯하지만, 명사가 술어가 될 때 제한을 받는다는 것은 동사가 주어, 목적 어가 되는 것에 비추어 상대적으로 말하는 것이고, 술어의 유형이 제한을 받지 않는다는 것이 의미하는 것은 술어가 동사성일 수도 있고, 명사성일 수도 있다는 것이기 때문에 양자는 결코 모순되지 않는다.

중국어에서 명사가 동사로 쓰이는 것과 동사가 명사로 쓰이는 것은 비대칭적 관계이다. 간단히 말하면, 동사가 명사로 쓰이는 것은 일반적이면서 정상적인 현상이지만, 명사가 동사로 쓰이는 것은 특수하면서 수사_{修辭}적인 현상이다. 王冬梅(2010)의 통계에 따르면, 현대중국어에서 동사가 명사로 쓰이는 예는 명사가 동사로 쓰이는 예의 57배나 된다.[51] 고대중국어에서 명사가 동사로 쓰인 사례가 현대중국어보다 많기는 하지만, 동사가 명사로 쓰인 경우에 비해서는 여전히 적은 특수한 현상이다. 王克仲(1989)의 저서에서는 고대중국어에서의 품사 활용에 대해 자세하게 설명하고 있는데, 대부분이 명사가 동사로 쓰인 경우이고, 동사가 명사로 활용된 경우는 거의 언급하고 있지 않다. 언급한 경우도 모두 동사가 관련된 사물(예를 들면, '死(죽다)'는 '死者(죽은 사람)'을, '居(살다)'는 '居所(사는 곳)'을 환유적으로 지칭함)을 환유적으로 지칭(轉指)하는 것을 말한다. 이 점 역시 고대중국어에서 명사가 동사로 쓰이는 것은 비정상적인 현상인 데 반해, 동사가 명사로 쓰이는 것은 일반적인 현상임을 보여준다. 陈承泽 (1885-1922)[52]는 『国文法草创』[53](1982 : 66-69)에서 동사가 명사로 쓰인 사례인 '白马之白(흰 말의 흼)'의 '白(흼)'[54]과 '惠公之卒(혜공의 죽음)'의 '卒(죽음)'

---

51) 저자주 : 왕둥메이 논문의 '동사의 명사 활용(动词名用)'에는 동사가 이미 명사로 변한 예로 '领导(영도)'를 포함시켰고, '명사의 동사 활용(名词动用)'에는 명사가 이미 동사로 변한 예로 "坑人(사람을 구덩이에 빠뜨리다)"을 포함시켰다.

52) 역자주 : 중국의 문법학자. 중국어문법 연구와 자전 편찬에 진력함. 대표 저서로는 『国文 法草创』이 있다.

53) 역자주 : 고대 중국어 문법을 연구한 책. 이론을 실제와 연계하고, 현상을 통해 규칙을 귀납하며, 서양 언어 문법의 틀을 사용하지 않고 중국어를 연구해야 한다는 필자의 주장이 체현되어 있는 중국어 문법 서적. 특히, 실사의 활용에 대한 분석이 세밀한 것이 특징이다.

54) 역자주 : 白(희다)는 현대중국어 문법에서 일반적으로 형용사로 분류하고 있지만, 이 책의 필자는 형용사도 동사 안에 포함된다는 주장을 견지하여 여기에서 동사가 명사로 쓰인 예로 제시하였다.

은 "단어 본래 용법의 활용"에 해당되는 것으로, 품사변화가 없다고 하였다. 그는 하지만 명사가 동사로 쓰인 사례인 '晚来天欲雪(저녁이 되니, 하늘에서 눈이 내리려 하네)'의 '雪(눈이 내리다)'와 '火烟入目目疾(연기가 눈에 들어가면 눈이 병이 난다)'의 '疾(병이 난다)'는 "단어의 본래 용법의 활용이 아니며", 이미 품사가 변화하였다고 하였다. 이는 아주 깊이 있고 예리한 견해이다. 이러한 비대칭 현상은 다른 언어에서도 존재하는데, 이는 인지적으로도 설명이 가능하다.

첫째, 사물과 동작에 대한 인지적 차이를 원인으로 들 수 있다. 사물의 개념은 독립적일 수 있어서, 동작을 연상하지 않고도 하나의 사물을 상상하는 것이 가능한 반면, 동작의 개념은 항상 관련된 사물에 의존하므로 사물을 연상하지 않고 하나의 동작만을 상상하는 것은 불가능하다. '吃(먹다)'가 '吃的(먹을 것, 먹는 사람)'로 되는 것과 같은 동사의 명사화는 개념적으로 다른 성분을 추가할 필요가 없다. 왜냐하면 '吃'라는 개념에 이미 '吃的人(먹는 사람)'과 '吃的东西(먹을 것)'이라는 의미가 포함되어 있기 때문이다. 하지만 '奶孩子(아이에게 젖을 먹이다)'에서의 '奶(젖을 먹이다)'와 같은 명사의 동사화는 개념적으로 분명히 무언가를 추가하여야 한다.

둘째, 동작을 지칭하는 것, 즉 동사가 명사로 쓰이는 것은 추상적인 활동을 하나의 구체적인 실체로 간주하는 것으로, 이는 구체적인 개념으로 추상적인 개념을 은유적으로 표현하는 인지규칙에도 부합한다. 하지만 특수한 원인이 없는 한, 구체적인 실체를 추상적인 동작으로 간주하지는 않는다. 따라서 동사가 명사로 쓰이는 것은 일반적인 현상이지만, 명사가 동사로 쓰이는 것은 특수한 현상인 것이다.

중국어 술어의 유형에 제한이 없다는 것은, 술어가 동사성일 수도 있고 명사성일 수도 있음을 말한다. 또한, 중국어 명사술어문의 수와 종류는 우리가 원래 생각했던 것보다 훨씬 많다. 여기에는 다른 언어와 마찬가지로 수사적 용법인 명사의 동사활용('奶孩子(아이에게 젖을 먹이다)', '袋了一盒火柴(성냥 한 갑을 주머니에 넣었다)') 외에 비수사적 용법인 명사의 동사활용('今天星期一(오늘은 월요일이다)'도 있다. 특히, 후자는 중국어의 특징이라 할 수 있는데, 이에 대해서는 赵元任(1968) 외에 陈满华(2008), 张姜知(2013) 등도 모두 상세하게 논술하였다. 술어가 되는 명사의 종류는 보통명사 외에 수량사, 수식구, 고유명사, 대명사, '的'자 구조 등 다양하다. 구체적인 예는 다음과 같다.

술어가 되는 명사	예문
보통명사	今天晴天 오늘은 날씨가 맑다.
수량사	血压140 혈압이 140이다.
수식구	小王黄头发 황군은 노란 머리카락이다.
고유명사	丁先生吗? 我月亭。 丁선생님이세요? 저는 月亭입니다.
대명사	喂, 你哪儿? 여보세요, 당신은 어디세요? 这个什么呀? 이건 뭐에요? 你谁啊? 당신은 누구세요?
'的'자 구조	这本书他的。 이 책은 그 사람의 것입니다. 他一个卖菜的。 그는 채소를 파는 사람이다.

명사술어문의 문형 종류도 다양한데, 예를 들면 다음과 같다.

명사술어문 문형	예문
대구(对句)식	你一言, 我一语。 네가 말 한마디 하고, 내가 말 한마디 한다. 初一饺子, 十五汤圆。 음력 초하루에는 교자이고, 열닷새에는 탕위안이다.
N+了	他都大学生了。 그는 이미 대학생이 되었어. 我们老朋友了。 우리는 오랜 친구가 되었어.
N₁的N₂	会议老王的主席。 회의는 왕형이 의장이다. 今晚马连良的诸葛亮。 오는 저녁은 마롄량이 제갈량역이야.
N就N	坏的就坏的吧。 나쁜 것은 나쁜 것으로 하자. 七天就七天呗! 7일이면 7일이지!
수량분배	三个人一间房。 세 명이 방 한 칸이다. 每天三趟班车。 매일 세 번 셔틀버스가 운행한다.

'小王了(왕군 차례야)', '小王呢(왕군은?)' 등처럼 일정한 언어적 상황만 있으면, 거의 모든 명사는 'X了'와 'X呢'의 구조에 들어갈 수 있다. 또 일부 문장구조, 특히 '我买的票(내가 표를 샀다)', '他去年生的孩子(그는 작년에 아이를 낳았다)', '谁为你做的嫁衣(누가 너에게 웨딩드레스를 만들어 주었니?)'와 같이 '的'자가 포함된 구조도 원래의 분석 습관을 버린다면, 이 역시 명사술어구 또는 명사성 무주어문(零句)이다. 또한 '这本书的出版(이 책의 출판)'이 '今天这本书的出版, 明天那本书的出版(오늘은 이 책의 출판이고, 내일은 저 책의 출판

이다'과 같이 다른 구와 대구를 이룰 때는 술어가 될 수도 있다.

명사술어문의 표현기능에 대해서는 주로 '판단'이라고 보지만, 그 외 다른 것도 있다. 陈满华(2008 : 88)는 이를 다음의 4가지로 분류하였다.

명사술어문의 기능	예문
판단류	你笨蛋。 당신은 멍청이다. 老王上海人。 왕형은 상하이 사람이다.
묘사류	她, 长长的头发, 大大的眼睛。 그녀는 긴 머리카락이고, 큰 눈이다.
설명류	老鼠眼睛一寸光。 쥐의 눈은 일촌의 빛이다[한 치의 빛도 없다]. 姐姐北大, 妹妹清华。 누나는 베이징대학교이고, 누이동생은 칭화대학교이다.
서사류	他一年一本书, 真是多产作家。 그는 일 년에 책 한 권이니, 정말로 다작 작가이다. 您这样花法, 一辈子也还不清的。 당신이 이러한 씀씀이니, 평생토록 다 갚을 수가 없을 것입니다.

명사술어를 수식할 수 있는 부사도 많은데, 주요한 것으로는 3가지 종류가 있다.(陈满华 2008 : 66)

부사 종류	예
범위	全(전부), 只(단지), 都(모두), 整整(꼬박), 整个儿(완전히), 统统(모조리)
시간	才(비로소), 都(이미), 就(벌써), 已经(이미), 刚(막, 바로), 刚刚(방금)
어기	简直(정말이지), 究竟(결국), 到底(도대체)

고대중국어에서 명사술어문은 보통 '也'자로 끝을 맺지만, 그렇지 않은 경우도 적지 않다. '也'는 판단을 강조한다. 시사(诗词)와 기둥에 써서 붙이는 대련對聯은 대체로 명사를 이어 붙여 문장을 만든다. 예를 들어 보자.

枯⁵⁵⁾藤老树昏鸦, 小桥流水人家, 古道西风瘦马
마른 등 넝쿨 고목엔 저녁 까마귀 구슬프고, 작은 다리 밑 흐르는 물가 인가엔 연기 피어오르는데, 옛길엔 서풍에 깡마른 말 달려가네.

(马致远「天静沙・秋思」)

鸡声茅店月, 人迹板桥霜
닭 우는 소리 초가집에 달빛 비추고, 나그네 발자국 판자 다리에 서리 내리네.

(温庭筠「商山早行」)

千朵红莲三尺水, 一弯明月半亭风
천 송이 붉은 연꽃 석자 물위에 피어있고, 한 굽이 밝은 달빛 반정에 이는 바람 비춘다.

(「苏州闲吟亭」联句)

속어(俗语)에도 명사술어와 동사술어가 병렬되어 있는 예가 매우 많다.
(陈满华 2008 : 193-201)

官家想一想, 银子一千两。
관가의 신경 한번에, 은이 천 냥이라.
剥削钱, 在眼前 ; 血汗钱, 万万年。
착취한 돈은 눈앞에서 쓰게 되나, 피땀 흘려 번 돈은 천년만년 쓴다.

---

55) 역자주 : 원서에는 "古"로 된 것을 원작을 확인한 후 "枯"로 수정하였음.

大吵三六九, 小吵天天有。
큰 말다툼은 사흘 건너 있고, 작은 말다툼은 나날이 생긴다.
冬雪丰年, 春雪讨嫌。
겨울 눈은 풍년이오, 봄 눈은 밉상이라.
肚里一两油, 满脸放出光。
뱃속에 기름 한 량, 만면에 빛이 번지르르.

郭绍虞(1979 : 667, 709)는 중국어에서 단지 소수의 명사성 성분만 술어가 될 수 있다는 견해는 부분적으로만 옳다고 하였다.

위의 견해들은 모두 명사가 술어가 되는 것이 중국어에서 아주 흔하게 보이는 현상임을 설명하고 있다. 이 특징은 '동사가 직접 주어나 목적어가 될 수 있다'는 사실 못지않게 중요하다. 영어의 동사는 '직접' 목적어가 될 수는 없지만, 어휘의 형태변화를 통하여 이를 실현한다. 그런데 '他北京人(그는 베이징 사람이다)'에 대응하는 문장에서 영어의 명사는 어휘의 형태변화를 통해서는 술어가 될 수 없고, 반드시 연결동사(Linking Verb)의 도움을 받아야 한다. 문장성분이 될 수 있는가의 여부가 문장성분이 직접될 수 있는가의 여부보다 더 중요하다. 이러한 관점에서 보면, 중국어와 영어의 주된 차이는 동사가 직접 주어나 목적어가 될 수 있는가의 여부가 아니라, 명사가 직접 술어가 될 수 있는가의 여부에 있다.

이 현상에 대해 전통적인 명동분립의 구조 속에서는 흔히 명사가 동사로 활용된 것으로 설명하였다. 그러나 이러한 설명은 한 단어의 품사가 자주 변함에 따라, 실용적으로는 "품사의 특징이 모호해졌으며", 이론적으로는 "단어는 정해진 품사가 없고, 품사는 이에 속하는 단어가 없어 결국 실사를 분류하는 것이 불가능하다는 결과에 직면하게 되었다."(呂叔湘 1954 ; 沈家煊 2016).

반면, 중국어 문장의 술어가 지칭성을 가진다는 특징에서 출발하면, 위의 현상은 아주 쉽게 이해된다. 그리고 중국어의 명사가 직접 술어가 될 수 있다는 것은, 명사가 서술성을 가지기 때문이 아니라 술어가 지칭성을 가지기 때문이다.

또한 술어의 지칭성에서 출발하면, 명사가 부사의 수식을 받는, '这个人也黄头发(이 사람도 노랑머리이다)'와 같은 문제도 설명이 가능해진다. 술어가 지칭성을 가지고 있기 때문에, 흔히 말하는 술어성 구조는 사실은 모두 '동태적인 체언성 구조(动态体词性结构)'로, 서술성을 겸비하고 있음을 의미한다. 따라서 명사도 부사의 수식을 받을 수 있는 것이다. 이는 중국어의 부사가 사실은 동태적인 관형어임을 의미하기도 한다.

제5절 형용사의 지위에 대한 재조명

과거 형용사의 지위에 대한 토론은 '명사와 동사의 분립(名动分立)'에서 출발하여 명사와 동사를 양쪽 끝에 분립하여 놓은 다음, 형용사가 어느 쪽에 근접한 지를 고찰하였다. 이는 바로 인도유럽어의 '명사-형용사-동사'의 패턴(Dixon 2004)이 보편성을 가진다고 암묵적으로 인정하고, 이를 중국어문법에도 그대로 적용한 것이다. 그렇지만 유형학적으로 보면, 명사와 동사 사이의 관계는 분립이라는 한 종류만 있는 것이 아니다. 퉁가어처럼 명사와 동사가 기본적으로 나누어지지 않는 관계와 중국어와 같이 포함관계인 언어도 있다. 따라서 '명동분립'을 바탕으로 한 '명사-형용사-동사'의 패턴은 결코 보편성을 가지지 않으며, 중국어에도 적용되지 않는다. 이는 형용사의 지위에 대해, 과거 문법연구의 관점이 서로 다른 이유이기도 하다. 赵元任(1968 : 292)의 경우, 형용사는 동사와 마찬가지로 술어가 될 수 있고, '不'의 수식도 받을 수 있기 때문에, 형용사를 동사의 한 하위부류로 보았다. 沈家煊(1997), 张伯江(2011b)은 형용사와 명사의 차이는 형용사와 동사의 차이보다 크지 않으며, 어떤 면에서는 명사에 더욱 근접한 것으로 보았다. 예를 들어, 관형어가 될 경우에 단음절 형용사는 단음절 명사와 더욱 가깝고, 단음절 명사가 관형어가 되는 경우가 단음절 동사보다 훨씬 많다. 예를 들어, '假老虎(가짜 호랑이)'는 '纸老虎(종이 호랑이)'에 근접해 있고, '打老虎(호랑이를 때리다)'와는 거리가 멀다.

'명동포함'의 구조에서 출발하면, 형용사가 명사에 근접한지 동사에 근접한지의 문제는 중국어에서 중요하지 않고, 중국어의 명사(동사 포함)와 수식사의 구분이 더욱 중요하다. 중국어의 언어 사실도 이 점을 뒷받침한다. 중국어의 명사, 동사, 형용사는 단음절과 쌍음절을 막론하고, 중첩 이후에는 모두 상태형용사로 변한다. 예를 들어보자.

层(층)	层层的叶子中间点缀着些白花。 겹겹이 쌓인 잎 사이에 흰 꽃들이 연이어져 있다.
飘(날리다)	飘飘白雪飞扬在空中。 흩날리는 흰 눈이 공중에서 날아오른다.
白(희다)	把脸抹得白白的。 얼굴을 하얗게 칠하였다.
山水(산과 물)	山山水水地画个不停。 산과 물처럼 끊임없이 그린다.
摇摆(흔들거리다)	花儿在风中笑得摇摇摆摆。 꽃이 바람에 흔들거리며 웃는다.
大方(대범하다)	衣服要穿得大大方方的。 옷을 대범하게 입어야 한다.

(华玉明 2008)

또, 단음절의 명사, 동사, 형용사에 XX를 붙여도 모두 상태형용사가 된다. 예를 들어보자.

명사+XX	夜沉沉 어두침침하다, 情切切 간절하다
동사+XX	笑眯眯 뱅그레 웃다, 滴溜溜 졸졸거리다
형용사+XX	冷冰冰 냉랭하다, 圓滾滾 통통하다

(沈家煊 2016)

중첩하는 X 자체도 명사나 동사, 형용사일 수 있다. 이들 중첩 가운데 뒤에 놓이는 XX는 앞에 놓일 수도 있는데, 앞에 놓이는 경우는 방언에서 아주 흔하게 보인다. 上海 방언에 다음과 같은 표현이 있다.

漆漆黑 깜깜하다, 雪雪白 새하얗다, 冰冰冷 냉냉하다
笔笔直 똑바르다, 喷喷香 향기가 코를 찌른다
滚滚圆 통통하다, 彤彤红 새빨갛다

(沈家煊 2016)

이외에도 施其生(1997, 2011)과 林华勇(2011)도 예를 통해 명사, 동사, 형용사가 중첩된 후 상태를 묘사하는 경우가 방언에서 상당히 보편적임을 설명하였다.

이상의 사실에 근거하여, 沈家煊(2016)은 문법체계상 명사, 동사, 형용사의 중첩을 통해 만들어진 상태형용사를 단순히 형용사와 같은 부류로 분류하는 것은 합리적이지 않다고 지적하였다. 합리적인 방법은 상태형용사를 '상태묘사어(摹状词, 약칭 '状词(묘사어)', description))'56)라고 고쳐 부르고, 명사와 동사, 형용사를 모두 '대명사(大名词)'에 귀속시키는 것이다. 중국어는 첫째 단계에서 먼저 대명사(大名词)와 상태묘사어를 구분하고, 둘째 단계에서는 대명사 내에서 다시 명사, 동사, 형용사(성질형용사)를 구분한다.

---

56) 역자주 : 摹状词는 영어로 description이며, 한국어로는 '기술어'이라고도 번역된다.

명사, 동사, 형용사를 구분할 때는 묘사(摹状, description)를 통해 먼저 형용사를 명사·동사와 구분한 후, 마지막에 제한적으로 명사와 동사(명동포함)를 구분한다.

'명동분립(名动分立)'의 구조에서는 명사와 동사가 분립하면, 그 수식성분인 형용사와 부사도 분립하므로 명사, 동사, 형용사, 부사의 4품사로 분립하는 구조를 형성하는데, 영어의 품사구조가 바로 이러하다. 그러나 중국어는 '명동포함(名动包含)' 구조이므로, 동사도 명사의 한 종류인 이상 부사와 형용사도 분립관계가 아니다. 만약 대명사(大名词)를 수식하는 어휘, 즉 형용사를 '수식어(饰词)' 또는 '통용수식어(通用饰词)'(정태명사와 동태명사를 모두 수식)라고 바꾸어 부른다면, 부사는 바로 일종의 '부수식어(副饰词)', 즉 일반적으로 동태명사만을 수식하는 수식어가 된다. 요컨대, 중국어와 영어의 품사구조는 다음과 같은 차이를 보인다.

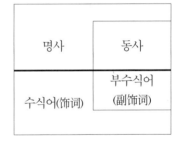

명사	동사
형용사	부사

영어

명사	동사
수식어(饰词)	부수식어(副饰词)

중국어

영어는 명사와 동사가 주요 구분(그림에서 굵고 검은 선)이 되며, 형용사와 부사의 구분은 이 주요 구분을 근거로 정해진다. 중국어는 명사(大名词)와 수식사(통용수식사)가 주요 구분(그림에서 굵고 검은 선)이 된다. 명사와 동사의 구분, 수식사와 부수식사의 구분은 모두 제한적이며, 명사는 동사를 포함(동명사)하고 수식사는 부수식사를 포함한다. 그러므로 중국어에서 부사는 부사어 밖에 될 수 없지만(이는 인도유럽어와 동일), 형용사는 관형어도 될 수 있고 부사어도 될 수 있다. 인도유럽어와 중국어의 중요한 차이점이 여기에 있다.

참고문헌

陈承泽(1982),『国文法草创』(新1版), 北京：商务印书馆。

陈国华(2009),「从"的"看中心语构造与中心语的词类」,『外语教学与研究』第2期。

陈满华(1997),「"VO的N"转化为同义粘合式偏正短语的规则」,『汉语学习』第1期。

陈满华(2008),『体词谓语句研究』, 北京：中国文联出版社。

陈宁萍(1987),「现代汉语名词类的扩大」,『中国语文』第5期。

陈平(1987),「释汉语中与名词性成分相关的四组概念」,『中国语文』第2期。

陈平(1994),「试论汉语中三种句子成分与语义成分的配位原则」,『中国语文』第3期。

陈庆汉(1996a),「"N的V"短语的句法分析」,『河南大学学报』第4期。

陈庆汉(1996b),「"N的V"短语的句法・语义・语用研究综述」,『华中师范大学学报』第2期。

陈群(1998),「谈谈名词活用的表达效果」,『修辞学习』第3期。

陈晓(2009),「论"这个・那个＋VP"特殊结构」,『南开语言学刊』第2期。

陈小荷(1999),「从自动句法分析角度看汉语词类问题」,『语言教学与研究』第3期。

程工(1999),「名物化与向心结构理论新探」,『现代外语』第2期。

崔山佳(2013),『汉语欧化语法现象专题研究』, 成都：巴蜀书社。

邓思颖(2006),「以"的"为中心的一些问题」,『当代语言学』第3期。

丁声树・吕叔湘等(1961),『现代汉语语法讲话』, 北京：商务印书馆。

董晓敏(1987),「"N的V"功能类别质疑」,『九江师专学报』第3期。

董秀芳(2004),「"是"的进一步语法化：由虚词到词内成分」,『当代语言学』第1期。

范开泰(1995),「关于汉语语法三个平面分析的几点思考」,『语法研究与探索』(七), 北京：商务印书馆。

范晓(1992),「VP主语句－－－兼论"N的V"作主语」,『语法研究与探索』(六), 北京：语文出版社。

方光焘(1997),『方光焘语言学论文集』, 北京：商务印书馆。

方梅(2011),「北京话的两种行为指称形式」,『方言』第4期。

龚波(2010),「从假设句的否定形式看甲骨文中的"勿""另"与"不""弗"之别」,『中国语文』第2期。

郭锐(2002),『现代汉语词类研究』,北京:商务印书馆。

桂诗春(1995),「从"这个地方很郊区"谈起」,『语言文字应用』第3期。

洪波(2008),「周秦汉语"之ｓ"的可及性及相关问题」,『中国语文』第4期。

胡附·文炼(1954),「词的范围·形态·功能」,『中国语文』第8期。

胡明扬(1995),「现代汉语词类问题考察」,『中国语文』第5期。

胡明扬(1996),「兼类问题」,『词类问题考察』,北京:北京语言文化大学出版社。

胡裕树(1995),『现代汉语』(重订本),上海:上海教育出版社。

胡裕树·范晓(1985),「试论语法研究中的三个平面」,『新疆师范大学学报』第3期。

胡裕树·范晓(1992),「有关语法研究三个平面的几个问题」,『中国语文』第4期。

胡裕树·范晓(1994),「动词形容词的"名物化"和"名词化"」,『中国语文』第2期。

黄伯荣·廖序东(2011),『现代汉语』(增订五版),北京:高等教育出版社。

黄和斌(2014),「质疑"两个问题"与"一个难题"－－－对布氏向心结构观的认识」,『外国语』第4期。

黄正德(1988),「说"是"和"有"」,中国台湾『"中研院"历史语言研究所集刊』第59本 第1分。

黄昌宁·姜自霞·李玉梅(2009),「形容词直接修饰动词的"a＋v"结构歧义」,『中国语文』第1期。

黄昌宁·李玉梅(2009),「评动·名兼类词的四种划分策略－－－来自语言工程的观察」,『语言学论丛』第40辑。

何乐士(1989),「『左传』的 [主·"之"·谓] 式」,『『左传』虚词研究』,北京:商务印书馆。

何乐士(1997),「『左传』『史记』名词作状语的比较」,『湖北大学学报』(哲学社会科学版) 第4期。

何乐士(2000),「『世说新语』的语言特色－－－『世说新语』与『史记』名词作状语比较」,『湖北大学学报』第6期。

华玉明(2008),「汉语重叠功能的多视角研究」,南开大学博士学位论文。

蒋严(1998),「语用推理与"都"的句法／语义特征」,『现代外语』第１期。

金立鑫(1987),「关于向心结构定义的讨论」,『语文导报』第７期。

柯航(2007),「现代汉语单双音节搭配研究」,中国社会科学院研究生院语言系博士学位论文。

柯航(2018),『韵律和语法』,上海:学林出版社。

黎锦熙(1924／1992),『新著国语文法』,北京:商务印书馆。

李宇明(1986),「所谓的"名物化"现象新释」,『华中师范大学学报』第3期。

李宇明(1996),「非谓形容词的词类地位」,『中国语文』第1期。

李艳惠(2008),「短语结构与语类标记:"的"是中心词?」,『当代语言学』第2期。

李宗江(1991),「汉语中的向心结构与离心结构?」,『解放军外语学院学报』第4期。

李佐丰(2004),『古代汉语语法学』, 北京：商务印书馆。

黎锦熙(1955),「词类大系－－附论"词组"和词类形态」,『中国语文』第5期。

黎锦熙・刘世儒(1959),『汉语语法教材』, 北京：商务印书馆。

林华勇(2011),「廉江粤语的两种短语重叠式」,『中国语文』第4期。

刘慧清(2005),「名词做状语及其相关特征分析」,『语法教学与研究』第5期

刘宋川・刘子瑜(2006),「"名・之・动／形"结构再探讨」,『语言学论丛』(三十二辑), 北京：商务印书馆。

刘探宙(2009),「一元作格动词带宾语现象」,『中国语文』第2期。

刘探宙・张伯江(2014),「现代汉语同位同指组合的性质」,『中国语文』第3期。

陆丙甫(1981),「动词名词兼类问题－－－也谈辞典标注词性」,『辞书研究』第1期。

陆丙甫(1985),「名物化问题异议种种」,『语文导报』第7期。

陆俭明(1994),「关于词的兼类问题」,『中国语文』第1期。

陆俭明(2003),「对" ＮＰ＋的＋ＶＰ"结构的重新认识」,『中国语文』第5期。

吕叔湘(1954),「关于汉语词类的一些原则性问题」,『中国语文』第9期。

吕叔湘(1979),『汉语语法分析问题』, 北京：商务印书馆。

吕叔湘(1981),「关于"的・地・得"和"做・作"」,『语文学习』第3期。

吕叔湘(1942／1982),『中国文法要略』(重印本), 北京：商务印书馆。

吕叔湘(1984),「关于汉语词类的一些原则性问题」,『汉语语法论文集』(增订本), 北京：商务印书馆。

吕叔湘主编(1996),『现代汉语八百词』, 北京：商务印书馆。

吕叔湘(2002),「语法研究中的破与立」, 吕叔湘全集』(第十三卷), 北京：商务印书馆。

吕叔湘・朱德熙(1952),『语法修辞讲话』, 北京：中国青年出版社。

吕叔湘・朱德熙(1979),『语法修辞讲话』(第二版), 北京：中国青年出版社。

梅祖麟(2011),「从形态到语法－－－上古汉语的两种表达方式」, 在中国社会科学院语言研究所的演讲。马建忠 (1898／1983),『马氏文通』(新1版), 北京：商务印书馆。

马真(1983),「关于"都／全"所总括的对象的位置」,『汉语学习』第1期。

潘海华(2006),「焦点・三分结构与汉语"都"地义解释」,『语法研究和探索』(十三), 北京：商务印书馆。

潘海华・陆烁(2013),「DeP分析所带来的问题及其可能的解决方案」,『语言研究』第4期。

潘慎(1996),「古代汉语中无词类活用, 载『语文新论』, 太原：山西教育出版社。

彭可君(1990),「谓词性宾语补议,『语言教学与研究』第1期

彭可君(1992), 「关于陈述和指称, 『汉语学习』 第2期。

裘荣棠(1994), 「名动词质疑－－－评朱德熙先生关于名动词的说法」, 『汉语学习』 第6期。

任鹰(2008), 「"这本书的出版"分析中的几个疑点」, 『当代语言学』 第4期。

任鹰(2009), 「领属与存现：从概念的关联到构式的关联－－－也从"王冕死了父亲"的生成方式说起」, 『世界汉语教学』 第3期。

沈家煊(1997), 「形容词句法功能的标记模式」, 『中国语文』 第4期。

沈家煊(1999a), 『不对称和标记论』, 南昌：江西教育出版社。

沈家煊(1999b), 「语法化和形义间的扭曲关系」, 载 『中国语言学的新开拓』 (石锋・潘悟云主编), 香港：香港城市大学出版社。

沈家煊(1999c), 「"在"字句和"给"字句」, 『中国语文』 第2期。

沈家煊(1999d), 「转指和转喻」, 『当代语言学』 第1期。

沈家煊(2006a), 「"语法隐喻"和"隐喻语法"」, 载 『语法研究和探索』 (十三), 北京：商务印书馆。

沈家煊(2006b), 「"王冕死了父亲"的生成方式－－－兼说汉语糅合造句」, 『中国语文』 第4期。

沈家煊(2007a), 「汉语里的名词和动词」, 『汉藏语学报』 第1期。

沈家煊(2007b), 「也谈"他的老师当得好"及相关句式」, 『现代中国语研究』 第9期。

沈家煊(2008), 「"移位"还是"移情"？－－－析"他是去年生的孩子"」, 『中国语文』 第5期。

沈家煊(2009a), 「我看汉语的词类」, 『语言科学』 第1期。

沈家煊(2009b), 「我只是接着向前跨了半步－－－再谈汉语的名词和动词」, 『语言学论丛』 第4辑。

沈家煊(2009c), 「汉语的主观性和汉语语法教学」, 『汉语学习』 第1期。

沈家煊(2009d), 「"计量得失"和"计较得失"－－－再论"王冕死了父亲"的句式意义和生成方式」, 『语言教学与研究』 第5期。

沈家煊(2010a), 「从"演员是个动词"说起－－－"名词动用"和"动词名用"的不对称」, 『当代修辞学』 第1期 (创刊号)。

沈家煊(2010b), 「"病毒"和"名词"」, 『中国语言学报』 第14期。

沈家煊(2010c), 「英汉否定词的分合和名动分合」, 『中国语文』 第5期。

沈家煊(2010d), 「如何解决补语问题」, 『世界汉语教学』 第4期。

沈家煊(2011a), 「朱德熙先生最重要的学术遗产」, 『语言教学与研究』 第4期。

沈家煊(2011b), 「从"优雅准则"看两种"动单名双"说」, 第三届两岸三地现代汉语句法语义小型研讨会 (北京)论文。

沈家煊(2011c), 「从韵律结构看形容词」, 『汉语学习』 第3期。

沈家煊(2012a),「关于先秦汉语名词和动词的区分」,『中国语言学报』第15期。

沈家煊(2012b),「"名动词"的反思：问题和对策」,『世界汉语教学』第1期。

沈家煊(2012c),「论"虚实象似"原理－－－韵律和语法之间的扭曲对应」, CASLAR (Chinese as a Second Language and Reserch)1 (1)：89-103. de Gruyter, Mouton.

沈家煊(2012d),「"零句"和"流水句"－－－为赵元任先生诞辰120周年而作」,『中国语文』第5期。

沈家煊(2012e),「名词和动词：汉语·汤加语·拉丁语」,『现代中国语研究』(日)第14期。

沈家煊(2013a),「谓语的指称性」,『外文研究』第1期 (创刊号)。

沈家煊(2013b),「科斯学说对语言学的启示」,『南开语言学刊』第2期。

沈家煊(2014a),「如何解决状语问题」,『语法研究和探索』第17辑, 商务印书馆。

沈家煊(2014b),「汉语的逻辑这个样, 汉语是这样的」, 为赵元任先生诞辰120周年而作之二,『语言教学与研究』第2期。

沈家煊(2014c),「汉语"名动包含说"」,『英汉对比与翻译』(第二辑), 上海：上海外语教育出版社。

沈家煊(2015a),「形式类的分与合」,『现代外语』第1期。

沈家煊(2015b),「走出 "都"的量化迷途：向右不向左」,『中国语文』第1期。

沈家煊(2015c),「词类的类型学和汉语的词类」,『当代语言学』第2期。

沈家煊(2015d),「汉语词类的主观性」,『外语教学与研究』第5期。

沈家煊(2016),『名词和动词』, 北京：商务印书馆。

沈家煊(2017a),「汉语有没有"主谓结构"」,『现代外语』第 1 期。

沈家煊(2017b),「"结构的平行性"和语法体系的构建－－－用类包含讲汉语语法」,『华东师范大学学报』第4期。

沈家煊(2017c),「从语言看中西方的范畴观」,『中国社会科学』第 7 期。

沈家煊(2017d),「"能简则简"和"分清主次"－－－语言研究方法论谈」,『南开语言学刊』第2期。

沈家煊(2017e),「汉语"大语法"包含韵律」,『世界汉语教学』第 1 期。

沈家煊(2017f),「汉语"名动包含"格局对英语学习的负迁移」, (未刊)。

沈家煊(2017g),『『繁花』语言札记』, 南昌：二十一世纪出版社。

沈家煊·完权(2009),「也谈"之字结构"和"之"字的功 能」,『语言研究』第2期。

沈家煊·王冬梅(2000),「" N的V"和"参照体目标"构式」,『世界汉语与教学』第4期。

沈家煊·乐耀(2013),「词类的实验研究呼唤语法理论的更新」,『当代语言学』第3期。

沈家煊·张姜知(2013),「也谈形式动词的功能」,『华文教学与研究』第2期。

沈家煊·柯航(2014),「汉语的节奏是松紧控制轻重」,『语言学论丛』第50辑。

施关淦(1981),「"这本书的出版"中"出版"的词性－－－从向心结构理论说起」,『中国语文通讯』第4期。

施关淦(1988),「现代汉语里的向心结构和离心结构」,『中国语文』第4期。

施其生(1997),「论汕头方言中的"重叠"」,『语言研究』第1期。

施其生(2001),「汉语方言中词组的"形态"」,『语言研究』第1期。

石定栩(2004),「名物化・名词化与"的"字结构」,『中国语言学论丛』第3辑。

石定栩(2008),「"的"和"的"字结构」,『当代语言学』第4期。

石定栩(2011),『名词和名词性成分』,北京：北京大学出版社。

司富珍(2002),「汉语的标句词"的"及相关的句法问题」,『语言教学与研究』第2期。

司富珍(2004),「中心语理论和汉语的DeP」,『当代语言学』第1期。

司富珍(2006),「中心语理论和"布龙菲尔德难题"」,『当代语言学』第1期。

宋柔(2009),「从语言工程看汉语词类」,载『语言学论丛』(第40辑),北京：商务印书馆。

宋柔・邢富坤(2011),「再从语言工程看汉语词类」,『语言学论丛』(第44辑),北京：商务印书馆。

宋文辉(2006),「上古汉语"N之V"结构再考察」,中国语言学会第十三届年会 (秦皇岛)论文。

宋文辉(2018),『主语和话题』,上海：学林出版社。

宋绍年(1998),「古汉语谓词性成分的指称化与名词化」,『古汉语语法论集』,北京：语文出版社。

孙德金(1995),「现代汉语名词做状语的考察」,『语言教学与研究』第4期。

完权(2010a),「"的"的性质与功能」,中国社会科学院研究生院博士学位论文。

完权(2010b),「语篇中的"参照体目标"构式」,『语言教学与研究』第6期。

完权(2011),「事态句中的"的"」,『中国语文』第1期。

完权(2015),「作为后置介词的"的"」,『当代语言学』第1期。

完权(2018),『说"的"和"的"字结构』,上海：学林出版社。

王冬梅(2010),『现代汉语动名互转的认知研究』,北京：中国社会科学出版社。

王冬梅(2014),「从"是"和"的"・"有"和"了"看肯 定和叙述」,『中国语文』第1期。

王克仲(1988),「古汉语的"N V"结构」,『中国语文』第3期。

王克仲(1989),『古汉语的词类活用』,长沙：湖南人民出版社。

王洪君(1987),「汉语自指的名词化标记"之"的消失」,载『语言学论丛』(第十四辑),北京：商务印书馆。

王还(1983),「all与都」,『语言教学与研究』第4期。

王还(1988),「再谈谈"都"」,『世界汉语教学』第2期。

王力(1943), 『中国现代语法』, 北京：商务印书馆。

王力(1980), 『汉语史稿』(中册), 北京：中华书局。

王力(1989), 『汉语语法史』, 北京：商务印书馆。

王玲(2011),「句法结构的定量分析－－－以"有＋VP"格式 为例」,『汉语学习』第8期。

王远杰(2008),「定语标记"的"的隐现研究」, 首都师范大学博士学位论文。

吴长安(2006),「"这本书的出版"与向心结构理论难题」,『当代语言学』第3期。

吴长安(2012),「汉语名词·动词交融模式的历史形成」,『中国语文』第1期。

吴继光(1987),「动词做谓语ＶＳ句」,『徐州师范学院学报』第4期。

项梦冰 (1991),「论"这本书的出版"中"出版"的词性：对汉语动词形容词名物化的再认识」,『天津师范大学学报』第4期。

邢福义(1997),「"很淑女"之类说法语言文化背景的思考」,『语言研究』第2期。

熊仲儒(2005),「以"的"为核心的ＤＰ结构」,『当代语言学』第2期。

徐枢(1991),「兼类与处理兼类时遇到的一些问题」,『语法研究与探索』(第5辑), 北京：语文出版社。

许立群(2018),『从"单复句"到"流水句"』, 上海：学林出版社。

杨成凯(1987),「小句作宾语的划界问题」,『句型和动词』, 北京：语文出版社。

杨成凯(1991),「词类的划分原则和谓词的"名物化"」, 载『语法研究与探索 (五)』, 北京：语文出版社。

杨成凯(1992),「广义谓词性宾语的类型研究」,『中国语文』第1期。

姚振武(1994),「关于自指和转指」,『古汉语研究』第3期。

姚振武(1995),「现代汉语的"N的V"与上古汉语的"N之V"」,『语文研究』第2－3期。

姚振武(1996),「汉语谓词性成分名词化的原因及规律」,『中国语文』第1期。

余霭芹(2009),「如何结合方言和古代文献研究汉语的历史－－－以"有"的用法为例」, 中国社会科学院语言研究所演讲稿。

袁毓林(1995a),「词类范畴的家族相似性」,『中国社会科学』第1期。

袁毓林(1995b),「谓词隐含及其句法后果－－－"的"字结构的称代规则和"的"的语法语义功能」,『中国语文』第4期。

袁毓林(2003),「从焦点理论看句尾"的"的句法语义功能」,『中国语文』第1期。

袁毓林(2005a),「基于隶属度的汉语词类的模糊划分」,『中国社会科学』第1期。

袁毓林(2005b),「"都"的语义功能和关联方向新解」,『中国语文』第2期。

袁毓林等(2010a), 「汉语和英语在语法范畴的实现关系上的平行性－－－也谈汉语里名词／动词与指称/陈述·主语与话题·句子与话段」,『汉藏语学报』第4期。

袁毓林(2010b),「汉语不能承受的翻译之轻－－－从去范畴化角度看汉语动词和名词的关系」,『语言学论丛』第40辑, 北京：商务印书馆。

袁毓林等(2009),「"有"字句的情景语义分析」,『世界汉语教学』第3期。

乐耀(2017),「汉语名词和动词的心理学实验研究综观」,『语言学论丛』(第55辑), 北京：商务印书馆。

张斌(2010),『现代汉语描写语法』, 北京：商务印书馆。

詹卫东(1998a),「关于"ＮＰ＋的＋ＶＰ"偏正结构」,『汉语学习』第2期。

詹卫东(1998b),「"ＮＰ＋的＋ＶＰ"偏正结构在组句谋篇中的特点」,『语文研究』第1期。

詹卫东(2012),「从语言工程看"中心扩展规约"和"并列条件"」,『语言科学』第5期。

詹卫东(2013),「计算机句法结构分析需要什么样的词类知识－－－兼评近年来汉语词类研究的新进展」,『中国语文』第2期。

张伯江(1993),「"Ｎ的Ｖ"结构的构成」,『中国语文』第4期。

张伯江(2009),「汉语限定成分的语用属性」,『中国语文』第3期。

张伯江(2011a),「汉语的句法结构和语用结构」,『汉语学习』第2期。

张伯江(2011b),「现代汉语形容词做谓语问题」,『世界汉语教学』第1期。

张伯江(2013),「汉语话题结构的根本性」,『木村英树教授退休纪念　中国语文法论丛』(日), 白帝社。

张姜知(2013),「体词谓语句和汉语词类」, 中国社会科学院研究生院博士学位论文。

张劼(2011),「普通话副词"在"源流考辨」,『语言教学与研究』第1期。

张敏(2001),「从类型学和认知语言学的角度研究语法化－－－实例分析之二：上古汉语定语标记"之"的语法化」, (未刊)。

张敏(2003),「从类型学看上古汉语定语标记"之"语法化的来源」,『语法化与语法研究』(一), 北京：商务印书馆。

张世禄(1959),「古汉语里的偏正化主谓结构」,『语文教学』(华东)第11期。

张雁(2001),「从『吕氏春秋』看上古汉语的"主·之·谓"结构」,『语言学论丛』(二十三辑), 北京：商务印书馆。

张中行(1992),『诗词读写丛话』, 北京：人民教育出版社。赵元任(1979),『汉语口语语法』(吕叔湘节译), 北京：商务印书馆。

赵元任(1959／2002),『汉语语法与逻辑杂谈』, 白硕译, 载『赵元任语言学论文集』, 北京：商务印书馆。

周国光(2005),「对「中心语理论和汉语的DP」一文的质疑」,『当代语言学』第2期。

周国光(2006),「括号悖论和"的X"的语感－－－"以的为核心的DP结构"疑难求解」,『当代语言学』第1期。

周韧(2012),「" N的V"结构就是"N的N"结构」,『中国语文』第5期。

周韧(2014),「汉语词类划分应重视"排他法"」,『汉语学习』第1期。

周韧(2015),「兼类说反思」,『语言科学』第5期。

朱德熙(1956),『现代汉语形容词研究：形容词的性质范畴和状态范畴』。

朱德熙(1980),『汉语语法丛书』总序,『马氏文通』(新1版),北京：商务印书馆。

朱德熙(1982),『语法讲义』,北京：商务印书馆朱德熙 (1983), 自指和转指－－－汉语名词化标记"的·者· 所·之"的语法功能和语义功能」,『方言』第1期。

朱德熙(1984),「定语和状语的区分与体词和谓词的对立」,『语言学论丛』第13辑。

朱德熙(1985a),『语法答问』,北京：商务印书馆。

朱德熙(1985b),「关于向心结构的定义」,『语法研究和探索』(三), 北京：北京大学出版社。

朱德熙(1985c),「现代书面汉语里的虚化动词和名动词」,『北京大学学报』(哲学社会科学版) 第5期。

朱德熙(1987),「句子和主语－－－印欧语影响现代书面汉语和汉语句法分析的一个实例」,『世界汉语教学』创刊号。

朱德熙(1988),「关于先秦汉语里名词的动词性问题」,『中国语文』第2期。

朱德熙(1990a),「关于先秦汉语名词和动词的区分的一则札记」,为『王力先生纪念论文集』作,『王力先生纪念论文集』,北京：商务印书馆。

朱德熙(1990b),『现代书面汉语里的虚化动词和名动词」,载『语法丛稿』,上海：上海教育出版社。

朱德熙(1990c),「关于向心结构的定义」,『中国语文』第6期。

朱德熙(2010),『语法分析讲稿』,北京：商务印书馆。

朱德熙·卢甲文·马真(1961),「关于动词形容词"名物化" 的问题」,『北京大学学报』第4期。

Abney, S.(1987),「The Noun Phrase in its Sentential Aspect」, Ph.D. Dissertation. MIT.

Broschart, J(1997),「Why Tongan does it differently ： Categorial distinctions in a language without nouns and verbs」,『Linguistic Typology』 1.

Chao, Yuen Ren(1959),「How Chinese logic operates」,『Anthropological Linguistics』 1.

Croft, W.(2002),『Typology and Universals.』(2nd edition), Cambridge ： Cambridge University Press。

Greenberg J.(1963),「Some universal of grammar with particular reference to the order of meaningful elements」, In Greenberg : J. ed, 『Universals of Grammar』(2nd edition), Cambridge. MA : The MIT Press.

Kaufman, Daniel(2009), 「Austronesian Nominalism and its consequences : A Tagalog case study」, 『Theoretical Linguistics』 35/1.

Langacker, R.(1987), 「Nouns and verbs」, 『Language』 (63).

Larson, R. K.(2009), 「Chinese as a reverse ezafe langrage」, 『语言学论丛』 第39辑。

Lyons, J.(1977), 『Semantics』 Vol.2, Cambridge : Cambridge University Press.

Vogel P.M.(2000), 『Grammaticalisation and part-of-speech systems』, In Vogel & Comrie des.

Witkowski, S. & C. Brown(1983), 「Marking reversal and cultural importance」, 『Language』 59.

Yang, J., L. H. Tan, P. Li(2011), 「Lexical representation of nouns and verbs in the late bilingual brain」, 『Journal of Neurolinguistics』 24/6.

Yue, Anne O (余靄芹)(1988), 「Zhi 之 in Pre-Qin Chines」, 『T'oung Pao』 84, 1998, (4-5).

찾아보기

저자 | 왕둥메이(王冬梅)

중국사회과학원 언어연구소(문학박사)

현재 중국사회과학원 언어연구소 연구원

주로 인지언어학 분야에 관심을 가지고 연구를 진행 중이다. 대표 저서로는 『現代汉语
动名互转的认知研究』(중국사회과학출판사, 2010)가 있으며, 『中国语文』, 『语言教学与
研究』, 『语法研究和探索』 등의 학술지에 다수의 논문을 발표하였다. 李方桂语言学论著
奖(2010)을 수상한 바 있다.

역자 | 이선희(李善熙)

현 계명대학교 인문국제학대학 중국어문학전공 부교수

이화여자대학교 중어중문학과(문학사)

베이징사범대학교 대학원 중어중문학과(문학석사)

중국사회과학원 언어연구소(문학박사)

중국어 인지언어학, 중국어 통사론, 한중비교언어학에 관심을 가지고 연구하고 있다. 역
서로 『중국어문법 6강(语法六讲)』(2016), 『중국어와 문화교류(汉语与文化交际)』(2017),
『중국어문법에 관한 대담(语法答问)』(2018)이 있고, 「중국어 客觀報道의 주관성 표현 분
석」, 「한중 '슬픔'과 '두려움' 은유 표현 인지적 연구」 등 다수의 논문을 발표하였다.

중국어 품사 문제

초판 1쇄 인쇄 2019년 6월 17일
초판 1쇄 발행 2019년 6월 25일
저 자 王冬梅
역 자 이선희
펴낸이 이대현
편 집 홍혜정
펴낸곳 도서출판 역락
주 소 서울시 서초구 동광로 46길 6-6 문창빌딩 2층
전 화 02-3409-2058, 2060/ 팩 스 02-3409-2059
등 록 1999년 4월 19일 제303-2002-000014호
이메일 youkrack@hanmail.net

ISBN 979-11-6244-423-8 93720